Pour que mon enfant réussisse

Monique de Kermadec

Pour que mon enfant réussisse

Le soutenir et l'accompagner

Albin Michel

Collection « Questions de parents »
dirigée par Mahaut-Mathilde Nobécourt

« L'éducation développe les facultés, mais
ne les crée pas. »

Voltaire

« Les enfants ont plus besoin de modèles
que de critiques. »

Joseph Joubert

« Comment se fait-il que les enfants étant si
intelligents, la plupart des hommes soient
bêtes ? Cela doit tenir à l'éducation. »

Alexandre Dumas père

Introduction

Comment dire tout le bonheur que j'ai à travailler avec les enfants précoces ? Le souvenir d'Oscar, deux ans et huit mois, me vient toujours à l'esprit lorsque je pense à cette joie. Oscar, l'œil pétillant, l'élocution claire, le vocabulaire varié, la syntaxe parfaite. Oscar qui, seul dans mon cabinet pour répondre aux tests, tint jusqu'au bout à me vouvoyer. Oscar, dont les résultats aux tests révélèrent la grande précocité… Quel coup de foudre ! Et quel réconfort à l'idée que, grâce à l'attention de ses parents, aux mesures prises pour sa scolarité, il éviterait d'être broyé par un système qui n'était pas fait pour lui !

Ce bonheur ne faiblit pas depuis vingt ans que je reçois des enfants précoces, que je les écoute, les observe, que je chemine à leurs côtés, que ce soit en consultation privée ou dans ma pratique passée au sein d'un centre médico-psychopédagogique. En tant que psychothérapeute, je ne me destinais pas spécialement à ces enfants. Mais au cours de mon expérience clinique, et dans les thérapies entreprises, j'ai rencontré leur souffrance – une souffrance qui n'était pas liée à une inhibition névrotique. Il s'agissait d'une souffrance d'une autre nature, mais laquelle ? Les uns après les autres, ces enfants m'ont dit ce qu'ils ressentaient, leur solitude, l'incompréhension du monde pour leur différence, leur marginalisation. Dans le même temps, j'ai découvert l'immense désarroi de leurs parents, leur solitude aussi, et l'angoisse qu'ils éprouvent pour l'avenir de leur enfant quand celui-ci, en échec scolaire, doit sortir du système éducatif. J'ai surtout compris que la solution, pour ces enfants, ne résidait pas uniquement dans une bonne prise en charge de leur scolarité, mais qu'elle dépendait essentiellement d'un bon accompagnement par leurs parents. Alors, je me suis consacrée à eux. Aujourd'hui, je travaille en relation avec des associations pour enfants précoces, comme le World Council for Gifted Children dont je suis membre.

Je continue, bien sûr, en tant que thérapeute, à faire partie de l'American Psychological Association et de l'Association psychanalytique de France.

Je me suis résolue à écrire ce livre, largement incitée par les journalistes qui m'ont interrogée sur la précocité, pour partager cette expérience tirée de l'écoute et du parcours des enfants précoces. Je l'ai conçu de façon à ce que chaque chapitre réponde aux questions de fond que se posent les parents, et expose les conseils pratiques et précis qui les aideront à résoudre leurs propres difficultés à gérer cette précocité, et celles que leurs enfants seront amenés à rencontrer dans leur vie familiale, sociale et scolaire. C'est à vous, parents, essentiellement, que ce livre s'adresse parce que personne d'autre, ni un clinicien, ni un enseignant, ni une association ne pourra jamais s'investir autant, ni aimer mieux votre enfant et l'aider à grandir dans une relation harmonieuse avec le monde. Je l'ai écrit pour vous, qui continuez à chercher des réponses et rêvez de trouver la meilleure voie pour votre enfant, un chemin qui lui permettra de développer ses talents au mieux de ses formidables et riches aptitudes.

« Que devons-nous faire ? » me demandez-vous souvent. « Comment pouvons-nous l'aider ? » Voici une partie des réponses. Le reste, tout le reste, est dans votre bonne volonté et votre amour…

1

Qu'est-ce réellement que la précocité ? Peut-on la limiter à un QI ?

Avant tout, et même si ce sujet n'est plus un mystère pour le plus grand nombre, il faut définir la précocité. Non pour étaler ou ressasser des études, mais pour préciser, de la façon la plus scientifique possible, le domaine que ce terme recouvre, et ce, afin d'éviter tout malentendu dans la suite de nos propos. En cernant cette notion, il sera plus facile, par la suite, de creuser chaque point spécifique de la précocité, les problèmes qu'elle pose et les atouts qu'elle offre, pour conseiller au mieux ceux à qui ce livre s'adresse : les parents. En effet, même lorsqu'ils connaissent, dans ses grandes lignes, la question de la précocité, ceux-ci s'inquiètent toujours de ses manifestations. Dès que l'attitude de l'enfant précoce semble paradoxale ou simplement originale, ils se demandent, qu'ils l'expriment ou non, si ce comportement résulte ou non de la précocité, et quelle réponse il convient de lui apporter. D'ailleurs, le moment vient toujours, lors des consultations, où ils se plaignent que l'on ne leur explique jamais ce que c'est que d'avoir un enfant précoce et posent la question suivante : « Qu'est-ce exactement que la précocité ? »

On ne peut donc éviter d'y répondre, de façon préliminaire. Et tout d'abord, justifions le choix de ce mot pour caractériser les enfants qui concernent notre propos.

Surdoué ? doué ? précoce ? petit génie ? haut potentiel ? talentueux – « *gifted* », comme disent les Anglais ? Comment appeler cet enfant, sans sombrer dans les débats et les controverses que déclenche chacun de ces mots ? Comment aborder le sujet avec bienveillance et recul ? En réalité, c'est un autre constat qu'il faut poser sans états d'âme : parler de précocité dérange, parce que ce mot soulève la question de l'intelligence, la possibilité qu'elle ne soit pas distribuée équitablement chez tous, et qu'elle puisse se manifester très tôt chez certains enfants. Implicitement, elle bouleverse le principe de l'égalité des chances et, partant, celui de l'uniformité des programmes et des méthodes à mettre en œuvre pour l'assurer. Parce qu'elle différencie et singularise l'enfant dès ses premières années, la précocité oblige à réviser, repenser les normes, les barèmes et les méthodes habituellement reconnus et appliqués.

J'ai choisi, pour en parler, le terme de « précocité » pour me conformer à l'habitude française, tout en regrettant qu'il n'existe pas un mot plus adéquat. Mais lequel ? « Talentueux » désigne plutôt la qualité d'un artiste, « surdoué » ou « doué » sont des mots chargés d'une connotation d'élitisme en même temps qu'ils caractérisent un domaine particulier à l'exclusion des autres – don de la musique, de la danse, celui de l'enfant prodige. « Haut potentiel » réduit l'enfant à une sorte d'objet susceptible de rendement. Nous parlerons donc de « précocité », même si je suis consciente que dans son acception la précocité induit que l'enfant n'est pas plus intelligent et éveillé que ses congénères, mais qu'il l'est plus tôt, et sous-entend qu'il sera rattrapé plus tard par les autres. Or la précocité est l'un des indices de ces dispositions, elle n'en est pas l'unique critère. Enfant « génial » alors ? Non : génie et précocité appartiennent à des catégories différentes. Un enfant précoce se distingue par un quotient intellectuel élevé, généralement de 125 ou de 130. Pour autant, ce QI n'en fait pas un Einstein ni un Léonard de Vinci. Le QI ne saurait seul définir la précocité, et elle-même ne se réduit pas à ce simple chiffre. En effet, un enfant peut se démarquer de ses congénères dans un grand nombre de domaines, tout aussi différents les uns des autres que le sport et la peinture, le *leadership* et les mathématiques, le commerce et le français, et d'une façon que les tests d'intelligence ne peuvent pas toujours quantifier.

Historique du concept : les premiers tests d'intelligence

Certains parents ou grands-parents s'étonnent, lors des consultations, de n'avoir jamais entendu parler de ce phénomène dans leur enfance et me demandent s'il s'agit d'un phénomène de société. Même si elle intéressait déjà Platon dans *La République*, la précocité est, en France, un sujet d'étude relativement récent, qui n'a été révélé au grand public qu'au début des années 1990, grâce à l'émission de Jean-Pierre Cavada, « La Marche du siècle ». La population qu'elle concerne semblait alors trop marginale pour qu'on lui accorde un intérêt particulier, bien qu'elle représente en fait 2 % d'une population, quels que soient le groupe d'âge ou le sexe, et en France, quelque 400 000 enfants en âge d'être scolarisés, soit un à deux enfants par classe. Ce retard semble d'autant plus curieux que la France a été le premier pays à s'intéresser à cette question. En 1905, le gouvernement français avait demandé à Alfred Binet, directeur du Laboratoire de psychologie physiologique de la Sorbonne, d'étudier le développement psychologique des enfants. Alfred Binet, aidé par Théodore Simon, avait alors inventé le premier test de « niveau mental ». Cette échelle de mesure fut reprise trois ans plus tard par Lewis Terman, un psychologue américain, ravi de disposer d'un outil pour évaluer et comparer les intelligences et ainsi peaufiner l'étude qui le passionnait depuis qu'il avait lu le livre de Francis Galton, publié en 1869, *Hereditary Genius*. Selon cet auteur, le génie est héréditaire.

Dès 1911, à Stanford, Lewis Terman commença à tester systématiquement des enfants à l'aide d'une nouvelle échelle, élaborée à partir de celle de Binet : le test du quotient intellectuel était né. Dix ans plus tard, relayé par les universités locales, Terman étendait son test aux principales villes des États-Unis où un large groupe d'enfants présumés « précoces » avait été sélectionné par leurs instituteurs. Les maîtres d'école avaient accepté de donner les noms des trois meilleurs élèves de la classe, du moins les plus intelligents, et le nom du plus doué de l'année précédente. Ils furent ainsi quelque 250 000 à répondre à ces premiers critères et à être soumis au test « Stanford-Binet ». Parmi eux, Terman retint les 643 enfants qui avaient atteint un QI de 140, et quelques-uns de leurs frères et sœurs furent testés à leur tour. À ce nombre s'ajouta celui des enfants repérés par Terman lui-même. Au total, ils furent 1 444 collégiens et lycéens, baptisés les « Termites », en hommage au chercheur qui initia ces travaux. Ces enfants et ces jeunes gens ont constitué le premier groupe d'étude d'enfants précoces au monde. Ils ont été suivis comme tels pendant plus de soixante-dix ans !

Grâce aux Termites, les premières réponses aux questions que se posaient les scientifiques sur la précocité ont pu être établies, du moins dans leurs grandes lignes. Les enfants précoces possèdent-ils des caractéristiques physiques ou mentales spécifiques ? Des traits de caractère particuliers ? Quel a été leur avenir ? Quelles ont été leurs souffrances ? Quels sont leurs centres d'intérêt, leurs goûts, leurs points faibles ? Ont-ils des problèmes de santé qui leur soient propres, physiquement et mentalement ? Quel est leur environnement scolaire, familial ? Pour quels domaines culturels s'émeuvent-ils davantage ? Existe-t-il un hiatus entre leur niveau intellectuel et leur niveau scolaire ? Au moyen de tests et de questionnaires complets et précis, que remplissait avec scrupule l'entourage de ces enfants, Lewis Terman a réuni une masse d'informations formidable. Ces données ont été publiées en 1925 dans *Genetic Studies of Genius*, enrichies des résultats du suivi effectué deux ans plus tard.

Régulièrement, tout au long des années d'études et de vie professionnelle des Termites, Lewis Terman a continué ses tests et ses analyses, en précisant au fur et à mesure de ses travaux les questions que continuent de se poser, aujourd'hui, les parents d'enfants précoces. Leur QI se maintient-il ? Leur réussite scolaire répond-elle aux espérances qu'il augurait ? Puis, lorsque ces enfants eurent trente ans, Lewis Terman leur demanda si leur réussite professionnelle avait suivi le cours de leurs succès universitaires, de même que leur vie affective. Les questionnaires et les tests se succédèrent, de cinq ans en cinq ans, et perdurèrent bien après la mort de Lewis Terman, en 1956, grâce à ses disciples qui poursuivirent l'expérience. La moyenne d'âge des Termites était de soixante-dix-huit ans lorsque fut publiée, en 1995, la dernière des études auxquelles ils s'étaient soumis toute leur vie. Grâce aux volumes de la bible de Terman, *Genetics Studies of Genius*, le portrait-robot des enfants précoces – de la génération 1920 – a pu être dressé dans ses grands traits. Le voici :

1. Les enfants précoces appartiennent à un milieu socioculturel nettement supérieur à la moyenne : 29,1 % de pères « cadres ou professions libérales » contre 2,9 % dans la population de Los Angeles et San Francisco. Le niveau d'instruction l'est plus encore : le père ou la mère ont un diplôme supérieur dans 26,4 % des familles (contre 1 % environ de la population américaine).

2. Les enfants doués sont précoces : ils prononcent leurs

premiers mots trois mois et demi plus tôt que la moyenne ; la moitié d'entre eux sait lire avant d'entrer à l'école.

3. Généralement bons élèves, leurs résultats varient selon la matière, comme les autres enfants. Leur supériorité sur les autres est moins perceptible au niveau scolaire qu'au niveau du QI – mais en culture générale, elle est écrasante : aucun enfant Terman soumis au test d'« information générale » n'a eu une note inférieure à la note moyenne du groupe témoin.

4. Les enfants qui ont sauté une classe ont d'aussi bons résultats et sont aussi bien adaptés que leurs condisciples plus âgés. S'ils surviennent, les problèmes apparaissent plutôt lorsque les enfants ont sauté deux classes. A contrario, les Termites maintenus dans leur classe d'âge en souffrent peu car ils apprennent spontanément tout seuls.

5. L'étude Terman pulvérise les clichés du surdoué souffreteux. Au contraire, l'enfant précoce est plus grand et mieux portant que la moyenne et ses résultats sportifs ne sont pas inférieurs à ceux des autres enfants ou des autres jeunes gens. En revanche, comme le veut le stéréotype, on relève plus de myopes chez les enfants précoces.

6. De nature, les enfants précoces sont aussi sociables, aussi populaires et aussi joueurs que les autres, mais ils fréquentent des amis plus âgés et privilégient les jeux de réflexion. Ils lisent beaucoup plus que les autres et manifestent une curiosité beaucoup plus large dans le choix de leurs lectures, ainsi qu'une avidité de connaissances, une grande originalité dans l'élection de leurs centres d'intérêt.

7. Affectivement, les enfants précoces sont tendres et ont besoin de douceur. Optimistes, ils ont souvent soif d'idéaux, d'éthique, de rigueur et de reconnaissance.

8. Dans la très grande majorité des cas, les Termites sont maladroits, et leur habileté manuelle est très inférieure à celle des autres enfants.

À mes yeux, la conclusion la plus passionnante de l'étude

menée par Lewis Terman concerne sans aucun doute la réussite des Termites dans la vie professionnelle et sociale. En 1945, alors que ces sujets ont atteint la trentaine, il compare deux groupes d'entre eux. Les A, constitués par les 150 Termites qui ont le mieux réussi, et les C, soit les 150 Termites qui ont le moins bien réussi. Si, à l'école, rien ne distingue les premiers des seconds – même QI moyen, mêmes résultats –, des différences se creusent dès le collège et s'accentuent au cours du temps, au point que 90 % des A passent le cap des deux premières années universitaires, contre 37 % des C seulement. Lewis Terman s'est demandé d'où provenait cette dérive entre les deux groupes. Il s'est alors penché sur l'environnement familial et les composantes des caractères propres à chacun des Termites des deux groupes. Il a constaté que chez les A, les pères, frères et sœurs avaient fréquenté l'université ou les grandes écoles trois fois plus souvent que chez les C, et que la majorité des A présentait un point commun qui faisait défaut chez les C : la confiance en soi et, partant, l'ambition et la persévérance. Enfin, le taux de divorce des C était deux fois plus élevé que celui des A.

Sans vouloir tirer de conclusions trop hâtives, cette étude conforte ma conviction personnelle : les parents sont les alliés fondamentaux des enfants précoces. C'est avec leur attention, leur présence, leur aide – nous y reviendrons – que toutes les espérances qu'offre la précocité s'accomplissent, et qu'en conséquence ces enfants s'épanouissent intellectuellement, affectivement et socialement.

Bien sûr, les conclusions de Lewis Terman ne sont pas gravées dans le marbre ; elles ne constituent ni une règle absolue, ni le portrait sans retouches possibles de l'enfant précoce. Elles sont même sujettes à caution sur deux points de méthode. Tout d'abord, Lewis Terman a focalisé ses analyses sur une recherche précise : prouver que le génie était héréditaire et, s'il l'a noté dans la comparaison des deux groupes A et C que je viens d'évoquer, il a peu approfondi l'importance du milieu familial, ne serait-ce que dans les toutes premières années de l'enfant. Qui le contesterait aujourd'hui ? Ensuite, les Termites ont été choisis dans le groupe des meilleurs élèves de leur classe, selon les indications de l'instituteur ou du professeur. Qu'en était-il des enfants en situation d'échec scolaire ? Or des tests conduits sur l'ensemble des élèves d'une classe ont révélé que, parmi les cancres, certains avaient un QI de 140 ! Curieusement, Lewis Terman n'a pas creusé le paradoxe de ce résultat qui explique sans doute pourquoi, parmi ses sujets, peu sont devenus des créateurs ou des « génies » dans un domaine particulier.

Quoi qu'il en soit, hormis quelques critiques, la rigueur, le suivi, la richesse et l'étendue des analyses et des études collectées par Lewis Terman ont permis de jeter les bases de travaux et d'observations sérieuses sur la précocité. Aujourd'hui encore, elles offrent des domaines de recherche pour les universitaires comme pour le corps médical et son test, s'il a été affiné, reste l'outil privilégié pour diagnostiquer la précocité chez un enfant qui en présente les caractères. Certes, son portrait-robot de l'enfant précoce a été nuancé, mais personne n'en conteste les grands traits. C'est donc en partie grâce à Lewis Terman que des écoles, des associations, des programmes ont été mis en place pour ces enfants.

Évoquons maintenant ce fameux test estimant le quotient intellectuel – ou « QI » – qui permet de diagnostiquer les enfants présentant les caractères d'une précocité. Ce faisant, là encore, je répondrai à une inquiétude que formulent fréquemment les parents lorsqu'ils viennent me consulter avec leurs enfants. Je n'entrerai pas dans les détails techniques et historiques, pour m'en tenir aux grandes lignes. Le quotient intellectuel d'un individu est établi à partir de tests évaluant sa capacité intellectuelle globale – sachant que l'intelligence recouvre l'ensemble des fonctions mentales dévolues à la connaissance conceptuelle et rationnelle –, ainsi que son aptitude à s'adapter à des situations nouvelles, à découvrir des solutions aux difficultés qui se présentent à lui. Ces tests mesurent aussi l'état du développement mental chez un enfant, et la forme de son intelligence, qui peut être verbale ou pratique. Je tiens à rassurer les parents : les épreuves sont très simples, elles ne sont pas contraignantes et ne peuvent pas traumatiser l'enfant qui s'y soumet. Cette batterie de tests a été élaborée, en grande partie, en 1939, par un psychologue américain, David Weschler. Parallèlement, les tests du Binet-Simon, modernisés en 1959, permettent d'évaluer le développement de l'intelligence dès l'âge de deux ans, et son évolution de six mois en six mois jusqu'à l'âge de cinq ans, puis d'année en année jusqu'à quatorze ans. Tous ces auteurs ont donc imaginé des épreuves très simples, représentatives du comportement de la majorité des enfants d'un âge donné, dont le résultat est noté sur une échelle de 0 à 140 et plus. La note 100 est considérée comme le quotient moyen. La valeur du QI ainsi obtenue permet de classer le sujet testé dans l'un des sept groupes suivants :

- supérieur à 140 (0,4 % à 0,8 % de la population) : intelligence très supérieure, sujet surdoué ou d'une précocité exceptionnelle ;
- 120 à 140 (3,5 % à 10 % de la population) : intelligence très supérieure ou supérieure, sujet « mieux doué » ;
- 110 à 120 (11 % à 17 % de la population) : intelligence légèrement supérieure, sujet « bien doué » ;
- 90 à 110 (45 % à 60 % de la population) : intelligence normale ou moyenne ;
- 80 à 90 (15,3 % à 17 % de la population) : lenteur d'esprit, intelligence laborieuse ;

- 70 à 90 (6 % à 7,4 % de la population) : retard mental, lenteur, débilité à la limite de l'arriération mentale ;
- inférieur à 70 : arriération mentale.

Je l'ai dit, cette notion de QI, très controversée, ne doit pas résumer le développement intellectuel et psychologique d'un enfant. Après de nombreuses années passées aux côtés d'enfants précoces, je puis affirmer que ce test ne suffit pas à quantifier ou à caractériser la précocité. Il mesure, dans les limites de la façon dont il est conçu et des attentes de ses concepteurs, le potentiel intellectuel, et ne prend pas en compte la psychologie de l'enfant précoce ni son rapport avec le monde, autant d'aspects qui façonnent, dès les premiers mois de vie, l'épanouissement de son intelligence. De même, il n'existe pas de profil type de l'enfant précoce, mais un ensemble de traits particuliers que l'on peut vérifier dans la quasi-totalité des cas. Il ne faut donc pas accorder à ce chiffre plus d'importance qu'il n'en a, soit celle d'un indice qu'il faut interpréter au regard de nombreuses autres données, qui nous ramènent à la définition de la précocité. À la lumière de mon expérience clinique, l'enfant précoce est celui qui possède une ou des aptitudes qui le démarquent de façon significative des enfants de son âge. Il peut être capable de gérer rapidement et efficacement une information ; dès son plus jeune âge, il établit des liens pertinents entre les informations reçues et son univers propre. Il peut posséder un véritable esprit d'entreprise, un talent marqué pour la danse, le dessin ou l'informatique. Je le répète toujours : la précocité ne se réduit pas à un QI, elle est avant tout un état d'esprit, un regard sur le monde, une façon de vivre dont il faut tenir compte, au risque de ne pas comprendre l'enfant précoce et de ne pas pouvoir l'aider.

Ce que j'entends par état d'esprit ? Notre rapport au monde est influencé par notre compréhension de celui-ci, par notre regard. Curieux, à l'écoute et prêt à décoder des signaux que les autres ne perçoivent pas, l'enfant précoce établit rapidement des liens entre ses connaissances et réagit ou agit de façon parfois étonnante pour les autres. Sa façon de penser surprend. Son regard est différent par son intensité, sa précision et son attention aux détails. Sa façon d'observer le monde qui l'entoure évolue au fur et à mesure des expériences vécues, et cela dès son plus jeune âge. Il perçoit avec une acuité particulière la possibilité de conséquences, voire d'applications inattendues ou, tout simplement, d'autres options à choisir. Il est bien souvent en avance de deux étapes par rapport aux enfants « normaux » dans sa réflexion et ses conclusions. Pour lui, véloce dans son raisonnement, penser n'est jamais laborieux, questionner est naturel ; quant au monde, c'est une scène où tout est à découvrir, à inventer.

Détecter une précocité n'est pas uniquement une démarche scientifique reposant sur des tests ! Au-delà des réponses attendues aux épreuves, détecter une précocité est aussi une matière « d'impression », comme on le dit d'une peinture impressionniste – une série de petites touches, de couleurs diffuses, qui donnent à l'ensemble sa personnalité, son identité, plus vivante qu'elle ne le serait dans l'extrême précision, à la fois saisissable et insaisissable. Cette détection, presque instinctive, est le fruit d'une expérience clinique, et il est rare qu'elle soit évoquée dans la littérature propre à la précocité. Les cliniciens l'avouent rarement, de peur de ne pas être perçus comme suffisamment scientifiques dans leur approche, de juger avec subjectivité. Or, nous le savons tous, l'impression fait appel aux sens et non à l'intellect ! Pourtant, l'impression de précocité que l'enfant donne, dès le premier contact, est rarement contredite par les tests, l'expérience, la réalité. Cette impression ne naît pas d'une conversation, mais de la qualité, et la nature de la rencontre, ce « je-ne-sais-quoi » indéfinissable qui s'affirme au cours des échanges, dans la complicité et le plaisir de ces dialogues. Aux parents qui me font part de leurs joies les plus fréquentes, – « Avec eux on ne s'ennuie jamais ! » ; « Grâce à mon enfant, j'ai découvert des tas de choses ! » ; « Quel plaisir de pouvoir discuter avec mon enfant ! » ; « Grâce à mon enfant, je suis sorti de ma routine. Mon regard sur le monde a changé » ; « Grâce à mon enfant, j'ai découvert en moi des ressources que je ne soupçonnais pas » ou « C'est tout simplement formidable d'avoir un enfant précoce, c'est un cadeau que je m'efforce de mériter ! » – j'ai souvent envie de répondre que j'éprouve exactement le même ravissement, et que ce plaisir, toujours renouvelé, me donne envie de continuer longtemps encore à travailler avec eux. Pour les aider à élucider leurs problèmes et leurs souffrances, les sortir de leur solitude, que les mythes et les idées fausses qui les concernent ont longtemps entretenus et continuent de provoquer.

Parents, vous souvenez-vous de ces petites phrases préformatées qui les définissaient et auxquelles ils voulaient se conformer pour ne décevoir personne : « Ils ont tout pour eux » ; « Ils n'ont pas besoin d'aide pour réussir » ; « Les enfants précoces ne sont pas conscients de leur différence si on ne leur en parle pas » ou encore « Les enfants précoces ont besoin d'être stimulés tout le temps, au risque de devenir paresseux » ; « Ils sont de très bons élèves » ; « Ils ont besoin d'être remis à leur place dès leur plus jeune âge » ; « Ce sont de petits adultes, très en avance sur leur âge affectivement » ; « Il n'est pas important de les identifier jeunes, ils se débrouilleront toujours pour réussir » ? Ces phrases que les parents ont entendues eux aussi, et dont ils ne savent – jusqu'à ce qu'ils me posent la question – ce qu'il convient de penser. Comment le sauraient-ils ? « On nous parle de QI en long et en large, mais personne ne nous explique vraiment ce que c'est que d'avoir un enfant précoce », me disent-ils souvent, désemparés...

Les caractéristiques de la précocité

Alors, qu'est-ce que cette précocité ? Comment sont les enfants précoces, comment agissent-ils, lorsque nous les croisons ou lorsque l'on vit avec eux ? Quelle est cette différence qui s'impose immédiatement, la plupart du temps ? À quoi les identifie-t-on ?

- Les enfants précoces ont d'abord été des bébés très éveillés. Dès les premières heures de leur vie, ils scrutent le monde alentour et se montrent curieux et attentifs au moindre mouvement autour d'eux. Ils marchent généralement autour de douze mois, au lieu de quatroze mois. À deux ans, ils parlent sans difficulté aucune. Ils ont en outre une caractéristique commune : ils manifestent un fort désir d'apprendre à lire avant l'âge de six ans. D'ailleurs, 90 % d'entre eux savent lire dès l'entrée au cours préparatoire.
- Les enfants précoces semblent voir le monde avec d'autres yeux, un autre regard. Ils voient ce que d'autres, à leur âge, ne voient pas et se trompent rarement dans le jugement qu'ils portent, les conclusions qu'ils en tirent. Ils possèdent une grande capacité à décoder les messages tacites, à deviner l'intention, les sentiments d'autrui. Ils savent si vous êtes là avec votre cœur, si vous les aimez ou si vous le prétendez !
- Les enfants précoces sont particulièrement intenses dans leurs émotions, leurs comportements, leurs idées, et d'une très grande vélocité de pensée. Toutes leurs activités intellectuelles se déploient à une vitesse supérieure. Ce sont de grands questionneurs. Leurs « pourquoi ? »

sempiternels, le sérieux de leurs questions, leurs attentes de réponses à la hauteur de leur curiosité harcèlent leur entourage. Ils sont souvent préoccupés par des questions existentielles, voire métaphysiques.

- Ils tentent toujours de faire les choses à leur manière, qui est parfois différente de celle des autres, même lorsqu'il s'agit d'activités banales, quotidiennes, voire routinières. « C'est épuisant d'élever un enfant précoce ! » soupirent souvent des parents en regardant leur fille ou leur fils comme une énigme quand ils me les présentent. Oui, leur curiosité et leur désir d'expérimentation en ont épuisé plus d'un, déjà fatigué par l'énergie qu'ils manifestent, souvent couplée avec un faible besoin de sommeil. La plupart des enfants précoces s'endorment très tard et continuent de lire ou de refaire le monde dans leur tête quand on les croit endormis. On ne peut, pour autant, les confondre avec les enfants hyperactifs : ces derniers papillonnent, incapables de se concentrer ou ne pouvant le faire que pendant très peu de temps. L'enfant précoce, lui, reste des heures sur le livre qui l'intéresse, le nouveau sujet de curiosité qu'il vient de découvrir, la nouvelle énigme à résoudre.
- Dans leur grande majorité, les enfants précoces attendent d'aller à l'école avec impatience, commencent à la fréquenter avec enthousiasme, et se découragent rapidement. C'est qu'ils apprennent vite et s'ennuient à attendre les autres. De plus, ils veulent participer à la classe, exprimer leur point de vue, révéler les connaissances qu'ils ont acquises chez eux et le manifestent avec ardeur – ce qui peut provoquer l'agacement du maître ou de la maîtresse, leur spontanéité perturbant souvent le cours de la classe.
- Mais si ces enfants lisent beaucoup et rapidement, leur écriture est souvent très mauvaise. Chez eux, la main et

le développement psychomoteur en général, tout comme l'affectif, n'ont pas suivi le rythme du développement de l'intelligence. Ce retard s'inscrit dans un décalage plus global, appelé « dyssynchronie », qui fait qu'un enfant précoce pose des questions d'adulte tout en ayant les besoins affectifs d'un enfant. La maturité de leurs raisonnements et de leurs avis fausse la perception que les adultes ont de leur maturité affective. De même, s'ils perçoivent la complexité de certaines situations, comprennent leurs rouages, les enfants précoces sont incapables de les gérer affectivement et souffrent de façon proportionnelle de ce décalage entre leur perception et leur inaptitude à trouver une réponse ou à opposer un mécanisme de défense qui les protège. « Les gens s'attendent toujours à ce que mon enfant soit en avance sur tout, et qu'il agisse et décide comme un adulte », soupirait une mère, qui tentait de définir le repli de sa fille. Ce constat revient souvent dans les plaintes des parents, et il n'est pas rare de découvrir chez ces enfants une anxiété liée à cette dyssynchronie, voire une angoisse ou un repli sur soi.

- Les enfants précoces attendent beaucoup d'eux-mêmes et énormément de l'amitié, qu'ils vivent souvent, si elle les déçoit, comme un chagrin d'amour.
- Les enfants précoces sont de grands contestataires. Comptez sur eux pour discuter le bien-fondé des règles, des traditions et des coutumes ! Souvent, cette contestation, qui ne vise pas celui qui édicte la règle, mais ses fondements mêmes, finit par agacer. Cette critique permanente peut émerveiller et éblouir l'entourage, mais elle provoque aussi irritation et rabrouements cinglants. L'adulte « contesté » dans son autorité par l'enfant précoce estime qu'il faut le remettre à sa place. Il ne lui épargne alors ni sarcasmes, ni critiques. Blessé,

déstabilisé par ces réprimandes, l'enfant peut entrer dans un rapport de force stérile ou perdre confiance en lui.

Cette liste est loin d'être exhaustive puisque, on l'a dit, il n'existe pas de portrait-robot de l'enfant précoce, mais je tiens à souligner un caractère presque général chez eux : ils sont dépourvus des mécanismes de défense adaptés aux incompréhensions, agacements, jalousies ou compétitions déclenchés dans leur entourage par les manifestations de leur intelligence et de leur précocité. Contrairement à une idée fausse bien répandue, les enfants précoces ont conscience de leur différence et n'en sont pas toujours heureux. Ils ne la comprennent pas. Comme leurs congénères, ils veulent être intégrés, faire partie de la bande et souffrent de se sentir rejetés. Tous ne le sont pas ; certains prennent un ascendant sur le groupe, d'autres se replient, s'angoissent. Ils souffrent encore plus quand ce sentiment de rejet naît des réactions parentales. Comment, à six ou sept ans, peuvent-ils comprendre que leur boulimie d'explications, leur insatisfaction quand la réponse leur semble inadéquate ou incomplète, puissent exaspérer leurs parents, et que leurs parents eux-mêmes ne saisissent pas toujours le fond de ce harcèlement ? Comment se construire harmonieusement quand la même curiosité, la même pertinence de leurs remarques suscitent tour à tour, chez leurs parents, selon le moment ou leur disposition, admiration et irritation, émerveillement et rejet ?

Il y a, évidemment, des enfants précoces épanouis mais, le plus souvent, c'est grâce à leurs parents et à toute leur famille. Beaucoup de ces parents ont compris que ce que l'on reproche aux enfants précoces est justement ce qui fait leur force et qu'il est essentiel, pour tirer le meilleur parti de cette force et de cet immense atout qu'est la précocité, d'aider ces enfants à optimiser leurs qualités et à gérer leur vulnérabilité et leur incontestable fragilité. Mais, hélas, nombreux sont les adultes qui estiment que la précocité est un handicap. Confrontés à elle, ils se sentent démunis et se persuadent qu'ils ne pourront pas être à la hauteur du challenge. Au mieux, ils redoutent les années à venir ; au pire, ils s'avouent parfaitement incapables. La force de l'enfant se retourne dès lors contre lui. Blessé narcissiquement, rejeté affectivement, il peut se replier dans une coquille où il tentera, tant bien que mal, de lutter contre un sentiment d'insécurité récurrent et d'inventer des mécanismes de défense pour se protéger.

Je ne saurais trop le répéter : les parents sont les alliés fondamentaux des enfants précoces, fondamentaux et indispensables pour que cet atout ne devienne pas un handicap. Encore faut-il qu'ils sachent comment les aider et les comprendre…

2

Les parents sont les alliés fondamentaux de l'enfant précoce

> « Il y avait un homme qui, à douze ans, avec des barres et des ronds, avait créé les mathématiques, qui à seize avait fait le plus savant traité des coniques que l'on eût vu depuis l'Antiquité… Cet effrayant génie se nommait Blaise Pascal. »
>
> Chateaubriand

« Effrayant génie. » Chateaubriand résume, dans cette phrase, le sentiment qu'éprouve de prime abord tout individu confronté au phénomène de la précocité. La précocité d'un enfant fait peur. Elle effraie les adultes, parce qu'elle bouleverse l'autorité que l'âge et l'expérience leur donnent naturellement sur les enfants. Elle dérange les autres enfants, enclins à rejeter tout ce qui ne leur ressemble pas, à refuser la différence. Il arrive aussi qu'elle puisse alarmer les parents, démunis devant cet être atypique qui neutralise l'arsenal traditionnel des règles d'éducation, à l'école ou en société. Même lorsqu'ils s'enorgueillissent du « génie » de leur progéniture, les parents éprouvent sourdement cette angoisse. Qu'ils aient mis un nom ou pas sur ce qui distingue cet enfant des autres, ils ressentent un sentiment de fragilité dans leur autorité, parce qu'ils sont continuellement amenés à improviser pour répondre aux défis, aux problèmes et aux questions que cet état leur pose, jusque dans les cas les plus anodins de la vie. Jamais autant qu'avec un enfant précoce, les parents ne se sentent ébranlés dans leur rôle, et inquiets du possible échec de leur méthode éducative. La souffrance de leur enfant, sa solitude lorsqu'il est mal intégré, aiguisent cette peur. À la peur de l'échec scolaire s'ajoute ensuite celle du mal-être adolescent et de ses graves dérapages, heureusement rares : drogue et suicide.

La solitude, le parent de l'enfant précoce l'éprouve aussi parce qu'il est, en permanence, placé dans des situations qu'il ne peut comparer avec celles que ses amis, ses voisins ou les membres de sa propre famille vivent avec leurs enfants. Cette mise à l'écart commence par la description qu'il fait de son enfant et de ses comportements. Qu'il s'étonne de le voir lire ou compter à quatre ans, on le traite d'affabulateur ou de vaniteux. Qu'on découvre que c'est l'exacte vérité, et des jalousies peuvent naître, des tensions apparaître dans la famille et chez des proches. Confronté à la singularité des attentes de l'enfant, et aux critiques qui entourent les réponses qu'il tente d'adapter à la singularité de ses conduites, le parent navigue à vue dans l'éducation qu'il instaure. Il est écartelé entre les universelles règles de bon sens – « un enfant doit se coucher tôt et dormir au moins huit heures par nuit » – et les décisions particulières qu'appelle la précocité – « Comment empêcher un enfant dévoré de curiosité de lire jusqu'à 22 h 30 ? » ; « Peut-on octroyer certaines libertés à sa fille de neuf ans, capable d'assumer des responsabilités d'une adolescente de treize ans ? ». Le couple parental lui-même subit ces tensions, pour peu que les deux parents ne partagent pas la même opinion ni n'adoptent la même attitude face à la précocité. L'un peut la valoriser, l'autre non. Lorsque les premiers symptômes de la précocité apparaissent, des souvenirs d'enfance longtemps refoulés chez l'un ou chez l'autre resurgissent, ou le recours à des idées reçues fortement inculquées dans leur jeune âge. Ces frictions, aggravées par l'impossibilité d'un dialogue avec l'entourage, nourrissent la peur et alimentent les légendes et les fantasmes qui entourent les enfants précoces, tels que nous les avons abordés au premier chapitre.

L'importance de la présence parentale

De prime abord, l'inquiétude des parents semble paradoxale : si l'enfant est plus intelligent que les autres, pourquoi s'inquiéter de son avenir puisqu'il possède toutes les capacités pour élucider les problèmes ? Cette crainte est pourtant fondée : on ne compte plus les cas d'enfants précoces en échec scolaire, mal dans leur peau et dans la société. C'est que la précocité bouleverse les règles traditionnelles et marginalise l'enfant par rapport à la norme ; elle exige dès lors une méthode éducative « cousue main » que seuls les parents peuvent mettre au point, ajuster au coup par coup et dispenser. Aucune école, aucune aide extérieure ne peuvent se substituer entièrement à leur rôle : je le répète, les parents sont les alliés fondamentaux de l'enfant précoce. Ils sont, et se savent intuitivement, responsables de son épanouissement, de son bien-être et de sa réussite scolaire, là encore paradoxalement plus problématique que ceux d'un enfant normal et, partant, de sa réussite professionnelle et de son insertion sociale. Comment ? Ils le savent tous, les deux parents influent sur la croissance affective mais aussi intellectuelle de leur enfant.

La façon dont se joue cette influence est plus difficile à cerner dans une société aux structures de plus en plus floues, aux frontières de plus en plus poreuses : à la maison, la télévision et Internet peuvent fortement malmener les valeurs parentales ; à l'école, l'emprise des réalités sociales, comme le chômage ou les problèmes liés à l'immigration, les remet parfois brutalement en question ; et au sein même de la famille, les occupations professionnelles des parents, les divorces et les remariages altèrent souvent la fluidité de cette transmission. D'année en année, on s'éloigne davantage de la répartition traditionnelle des rôles selon laquelle la mère, attachée à son foyer, prend en charge les besoins vitaux et apporte les bases affectives, alors que le père assure la sécurité matérielle et reste à l'arrière-plan. L'évolution de la société, la nécessité, mais aussi le désir pour un grand nombre de femmes de travailler ont contribué à cette évolution dans la répartition des rôles et tout spécialement dans la prise en charge des enfants. Les pères sont physiquement et affectivement plus présents ; les mères sont physiquement moins présentes mais tout aussi conscientes de la nécessité de leur présence affective. Aujourd'hui, les deux parents jonglent en permanence avec différentes « priorités », parfois contradictoires, et courent à la recherche d'un équilibre à recréer sans cesse. Mon propos n'est, en aucun cas, de culpabiliser les mères sur leurs choix personnels et professionnels, mais au contraire de les aider, de toutes mes compétences, à gérer leurs différentes priorités sans sacrifier les besoins affectifs de leurs enfants ni nuire à leur développement, de façon qu'ils aient la croissance harmonieuse et la vie épanouie, bref, la réussite qu'elles désirent pour eux.

Et les pères ? De plus en plus d'études s'intéressent à leur fonction et à leur rôle dans le développement de l'enfant. La révolution que connaît la famille depuis trente ans, et qui semble s'accélérer, a particulièrement bouleversé leur position dans la famille. Autrefois puissance tutélaire, absents du quotidien mais omniprésents dans le symbole, la sécurité et la constitution de la structure familiale, ils ont vu leur image se brouiller. Plus présents et plus proches, mais moins symboliques et moins incontestables, ils doivent réinventer une relation avec l'enfant et créer une sorte de nouveau modèle qui n'a pas de précédent. Quel impact sur le développement de l'enfant peuvent avoir ces nouveaux pères ? Influencent-ils, de la même façon que les mères, le développement intellectuel de l'enfant ? D'après les premiers constats, cette influence semble agir différemment selon qu'il s'agit d'un fils ou d'une fille. La présence du père semble importante plus tôt pour le garçon, et un peu plus tard pour la fille. Si les deux parents influent sur leurs enfants, fille ou garçon, au travers d'échanges verbaux et par leur présence chaleureuse, le père intervient de façon plus marquante pour le garçon au travers d'interactions physiques avant l'âge de l'école. Mais à l'âge d'entrer à l'école, la présence paternelle influe également sur les résultats du fils et de la fille : parce que l'enfant apprend de son père les modes de comportement et les valeurs qu'il fera siens, l'enfant précoce, très avide d'attention, de discussions et de réponses à ses questions, est plus encore en demande auprès de son père. La mère, elle, a dû préalablement et tout au long de la petite enfance satisfaire cet éveil par des échanges verbaux, sa participation aux jeux, la lecture d'histoires et l'incitation à en discuter, mais aussi par les liens et les preuves d'appartenance qu'elle contribue à renforcer en commentant les albums de photos, les vidéos de famille. Nous verrons combien il important, pour l'enfant précoce, de se sentir intégré dans une histoire qu'il partage avec une famille, sa famille, et s'il a des frères et des sœurs, avec sa fratrie... Plus qu'un autre, l'enfant doué a besoin de racines pour sentir qu'il fait pleinement partie du monde dans lequel il vit. Ces racines lui donnent un sentiment de sécurité, un sentiment d'appartenance. Celles-ci sont implantées dans les traditions familiales ; elles se développent au travers d'expériences partagées avec la famille. En grandissant, d'autres racines résulteront de son interaction avec les autres.

Mais c'est ensemble que les parents aident au mieux l'enfant précoce dans son apprentissage de la vie. Lors des bilans de précocité, les mères sont les plus présentes. Toutefois, les pères s'impliquent de plus en plus dans cette démarche et s'avouent demandeurs de conseils pour leur enfant. Lorsqu'un suivi est indiqué, les deux parents comprennent bien l'importance de leur double investissement. Depuis de nombreuses années, je sensibilise les parents d'enfant précoce à l'importance de leur double présence lors des bilans : à l'issue de cette rencontre, il faudra que chacun, à sa façon, accompagne effectivement l'enfant. De même, je les incite à se rendre ensemble au rendez-vous qu'ils prendront avec l'école pour évoquer la précocité de leur enfant.

Ressentent-ils plus fortement l'importance de leur rôle qu'avec un autre enfant ? D'une autre manière en tout cas, qui tient à la singularité du surdoué dont ils vont vite cerner la fragilité et les difficultés d'adaptation au monde qui l'entoure, ainsi que les exigences. Une crainte d'une autre nature surgit alors : seront-ils contraints à devenir des parents parfaits pour être à la hauteur, pallier les difficultés et correspondre au désir de perfection qui anime le plus souvent l'enfant précoce ? Cette crainte, je l'ai vue s'allumer dans les yeux de presque tous les parents que j'ai rencontrés dans mon cabinet, au moment précis où je leur annonçais qu'il fallait envisager que leur enfant puisse être un enfant précoce, ou lorsque je le leur confirmais. Elle se révèle avec plus d'acuité encore lors des tests qui apportent la réponse. Confirmée, la précocité renvoie chaque parent, même un court instant, à ses propres complexes, ses failles, ses peurs, son enfance, et à un examen de ses méthodes d'éducation. Ravis de la nouvelle ou effrayés, ils restent tous démunis, comme si, en quelques secondes, leur enfant devenait autre chose que leur enfant, une énigme à qui il faudrait un modus vivendi exotique et des parents sur-surdoués. Il ne faut pourtant pas perdre de vue l'essentiel : précoce ou pas, l'enfant reste un enfant, et c'est l'élément à ne jamais oublier dans les conseils, les aides que vous devez lui apporter et les exigences que vous pouvez avoir envers lui.

Mettons-nous d'accord : s'ils sont indispensables à l'éducation de leur enfant précoce, les parents n'ont pas à chercher, dans un modèle hypothétique, une quelconque perfection. Il n'y a pas de parents parfaits, il n'y a que des parents suffisamment bons. Suffisamment bons, cela veut dire accepter ce que l'éducation de l'enfant précoce exige : une attention qui lui soit adaptée dans tous les domaines, scolaire, familial, social, et une vigilance aiguisée pour repérer les souffrances que l'enfant doué risque d'avoir à affronter afin d'y répondre de façon adéquate. Répétons-le : seuls les parents peuvent apporter à l'enfant doué ce qui est nécessaire à sa croissance émotionnelle, sociale et intellectuelle. Pour autant, ce rôle n'exclut pas qu'ils puissent se faire aider par un thérapeute, par des associations qui les conseilleront, par des rencontres avec d'autres parents d'enfant précoce. Mais ils ne doivent pas déléguer au thérapeute, à l'association, à un tiers, la résolution des problèmes ou esquiver la demande – plus forte que celle d'un autre enfant – que leur petit doué a d'eux, et qu'il manifeste par l'exigence de câlins, d'explications, d'approbations ou de réprobations...

Si elle n'exige pas la perfection, la précocité oblige néanmoins les parents à une attention, une présence et une énergie soutenues. Ainsi, dans le domaine scolaire, les parents ne doivent pas attendre de l'école qu'elle prenne en charge la précocité de leur enfant, même dans un pays comme la France où faire de brillantes études est associé à la réussite.

On y reviendra. Présent dès les premières heures de la scolarisation, le parent aide l'enfant précoce à extérioriser son malaise, s'il en éprouve, et à l'analyser lucidement, sans que l'enfant se sente coupable de poser un problème à la communauté. En même temps, dès la rentrée scolaire, les parents pourront demander un entretien à l'enseignant, lui exposer avec tact la particularité de l'enfant, évaluer ou non son niveau. Pour parer à un possible rejet, ils exposeront les dangers qu'encourt l'enfant que l'on veut absolument normaliser.

À la maison, il leur faut éviter, tant que faire se peut, de déléguer entièrement à un tiers la « garde » de l'enfant pendant leur absence, surtout s'ils rentrent du bureau épuisés, à des heures indues, vidés de toute énergie pour accorder une attention fructueuse à leurs enfants. De même, il faut éviter, au prétexte de sa maturité, de laisser l'enfant précoce livré à lui-même. Plus qu'un autre, celui-ci a besoin du nid familial et de la présence de ses parents. Tout d'abord parce que sa différence l'a isolé, et qu'il souffre en général de cette mise à l'écart qu'il ne peut élucider seul. L'enfant précoce perçoit rapidement que dans ses approches du monde, de la vie, des problèmes, il est différent de ses camarades, dont il partage pourtant les goûts et les attentes, l'envie de jouer et de participer. Or être comme les autres est le sésame pour être admis dans les jeux collectifs et avoir des amis. Cette différence qui l'exclut, qui lui interdit de faire partie d'une « bande », il la vit comme un handicap, particulièrement dans le contexte scolaire. À qui, hormis à ses parents, l'enfant en souffrance peut-il s'ouvrir au retour de l'école ? À qui se confier, si ses parents sont absents à son retour, ou distraits par leurs problèmes personnels et leur fatigue quand ils reviennent du bureau ?

Au quotidien, le parent de l'enfant précoce a besoin de réserves d'énergie pour faire face à ses demandes, à sa curiosité, au besoin qu'il a de vouloir partager ses passions et ses centres d'intérêt. Sans une indispensable organisation du temps, l'établissement de hiérarchies et de priorités, les parents sombrent vite dans un sentiment de désarroi et d'épuisement, obligés de jongler en permanence avec les exigences du quotidien, leur vie personnelle et les attentes de l'enfant qui est perçu dès lors comme une sorte de tyran chronophage, dont l'éducation ne leur laisse aucune plage de temps personnel, consacré à leur couple et aux autres enfants. Souvenez-vous que vous ne pourrez donner que ce que vous avez !

Dans son attitude générale, son propre rapport avec le monde, le parent, qu'il le désire ou non, est un modèle constant pour son enfant. Or, plus que tout autre, l'enfant précoce a besoin de modèles pour se construire. Ses parents restent les meilleurs exemples, par leur amour, leur permanence, leur attention, qui s'offrent à lui dans le développement de son intelligence sociale et émotionnelle. Cette notion est fondamentale pour qui doit éduquer un enfant précoce. Observateur, doué de mémoire et d'esprit d'analyse, mais aussi avide de cohérence, l'enfant précoce ne peut compter que sur ses parents pour gérer positivement ses émotions et leur intensité. En même temps, il relèvera sans pitié et dans un grand désarroi les ordres contradictoires, les variations de règles selon l'humeur ou le moment, les injonctions non suivies d'effet, les menaces irrationnelles qui induiront chez lui un double sentiment de puissance et d'impunité – « je suis plus fort que papa ou maman, mes cris ou mes refus gagnent toujours sur leur autorité » –, en même temps qu'un sentiment d'insécurité – « si je peux manipuler mes parents, sont-ils assez forts pour me protéger ? ». Nous ne le répéterons jamais assez : l'enfant précoce a besoin de comprendre un ordre, un problème, une donnée, pour les retenir, et obéir. Le parent ne doit pas se contenter d'ordonner, il doit aussi expliquer le bien-fondé de ses ordres et rester fidèle à ses propres explications – « Si j'interdis à un enfant de fumer en lui expliquant que le tabac donne le cancer, puis-je fumer devant lui ? » ; « Puis-je boire un verre tous les soirs en rentrant alors que je l'ai empêché de goûter à du vin au prétexte que l'alcool est un poison violent ? » ; « Puis-je lui interdire la télévision et rester vautré devant l'écran ? »... Un parent doit être un guide plus qu'un chef, et se souvenir qu'expliquer n'est pas se justifier, ni ne ruine l'autorité d'un ordre. Enfin, il doit se rappeler que rien n'est plus formateur, pour tous mais particulièrement pour l'enfant doué, que l'exemple : vous devez mettre en action les qualités que vous souhaitez que votre enfant développe. C'est grâce à la qualité de sa présence et de ses réponses, à leur cohérence et à leur permanence, que le parent peut éviter à l'enfant précoce les deux dérives qui le guettent tout particulièrement : le repli taciturne et solitaire de l'inadapté, et l'agressivité capricieuse de l'enfant roi devenu tyran domestique.

Les différents styles d'éducation

Encore faut-il, avant d'adopter une stratégie pour satisfaire les exigences de l'enfant précoce et le guider dans son développement, que les parents puissent diagnostiquer leur propre nature et le mode éducatif auquel ils ont recours pour élever leur enfant. Je leur conseille toujours, lors des premières consultations, de se définir en tant que parents et de réfléchir ensuite aux possibles contradictions de leur méthode, et bien évidemment de les admettre. Bien sûr, tout comme les enfants, chaque parent est unique et il existe autant de variantes dans leur éducation qu'il y a de combinaisons de caractères entre eux. Néanmoins, la façon dont un parent exprime son autorité répond à quatre grandes tendances, et il est rare qu'il ne se reconnaisse pas dans l'une d'entre elles :

- Le parent permissif : il veut être l'ami de l'enfant. Il laisse faire et exige peu de lui. Il ne pose aucun repère, ni aucune structure.
- Le parent autoritaire : à l'opposé du parent permissif, il pose de nombreuses limites et décide de tout pour son enfant. Il a de fortes exigences et attend que son enfant réalise ses rêves, tels qu'il les a définis.
- Le parent sacrifié : il renonce à ses ambitions personnelles, à sa vie propre et à sa vie de couple pour se consacrer entièrement à l'éducation de son enfant. Il n'hésite pas à changer d'emploi et à déménager pour lui. L'enfant est le centre de sa vie.
- Le parent proactif : il est informé et s'informe. Il est le guide de l'enfant. Il anticipe les demandes et les problèmes. Il est souple dans son fonctionnement et s'adapte. Il représente une sorte d'idéal.

Si je pose la question de leur appartenance aux parents, c'est que les conseils que je suis amenée à leur donner varient en fonction du groupe dans lequel leur méthode les range. À chaque groupe, une recommandation particulière.

□ Le parent permissif

Son désir d'échanger et de tout partager avec son enfant l'a rendu très proche de lui. Il le connaît bien, et c'est un atout. Néanmoins, il doit apprendre à poser des limites, il doit comprendre qu'il ne peut pas être son copain et qu'il doit réendosser son rôle de parent. Il doit vaincre la peur qui caractérise le parent permissif : celle de perdre l'amour de son enfant s'il se montre exigeant ou sévère avec lui. Contrairement à ce qu'il redoute, le parent permissif ne traumatise pas l'enfant en le contraignant. C'est en se voyant tout autorisé que l'enfant doute encore plus de lui-même et perd sa propre estime. Lorsque le parent permissif prend conscience de l'effet pervers de son choix éducatif, il accepte avec confiance les conseils que je peux lui prodiguer. L'amour qu'il porte à son enfant est profond et il veut réussir dans sa mission de « bon » parent.

□ Le parent autoritaire

Il désire, lui aussi, être un bon parent et, pour ce faire, il applique, la plupart du temps, les recettes qu'il a héritées de ses propres parents. Il apporte à ses enfants les limites dont ils ont besoin pour se structurer. Mais souvent, ces limites sont radicales et privent les enfants du champ d'expériences précieux qui leur enseigne la vie. Par ailleurs, sûr de sa méthode, le parent autoritaire écoute peu ses enfants et ne les autorise pas à exprimer leurs désirs, qu'il ne prend de toute façon pas en compte. Or l'enfant précoce attend des réponses et réagit mal au rapport de force en grandissant. Cette attitude provoque deux comportements extrêmes : le renoncement complet, ou bien la révolte. Mon rôle, face à ce type de parent, est de tenter de le rendre conscient de certains de ses excès, tout en reconnaissant et en soulignant l'aspect positif de son accompagnement. Ce travail trouve un premier bénéfice : il apporte une décrispation des rapports entre l'enfant et l'adulte. J'ai souvent eu le sentiment que ce type de parent attendait lui-même une permission : celle de se détendre et de rechercher un peu plus de plaisir dans sa relation avec son enfant.

□ Le parent sacrifié

Il possède lui aussi un désir intense d'être un bon parent. Pour cela, il prend fait et cause pour l'enfant, s'en va en guerre si nécessaire. Toutefois, et sans qu'il s'en doute, son attention excessive inscrit l'enfant dans un rapport de débiteur. Puisqu'il lui a tout sacrifié, l'enfant a une dette envers lui : réussir quoi qu'il lui en coûte, et comme son père ou sa mère le désire. L'enfant n'a pas le droit de le décevoir. Dès lors, la moindre faiblesse de sa part induit un sentiment de culpabilité. Et s'il échoue, il ne peut se dédouaner de la déception qu'il cause à ce parent puisque sa dette, à l'égard du sacrifice parental, est imprescriptible. Le parent sacrifié sacrifie tout à la réussite de son enfant. Je me souviens qu'après la diffusion des premières émissions sur les enfants précoces, des parents concernés ont décidé de déménager pour se rapprocher d'un meilleur établissement scolaire, ou de se séparer de leur fils ou de leur fille précoce pour qu'il ou elle aille, ailleurs, bénéficier d'une meilleure scolarité ! Les positions du parent sacrifié privent l'enfant de son autonomie. Mon premier travail consiste à libérer le parent sacrifié d'une culpabilité dont il est rarement conscient, puis, sans dénigrer ses bonnes intentions, bien au contraire, à l'amener à s'accorder une vie personnelle, qui ne soit pas exclusivement centrée sur l'avenir de son enfant.

☑ Le parent « proactif » ou « idéal »

Il aime son enfant autant que les autres, mais il sait préserver un équilibre entre ses projets personnels et ceux qu'il échafaude pour son enfant. Il s'est fixé un idéal vers lequel il peut tendre, avec une souplesse de fonctionnement, tout en sachant poser des limites. Il sait être proche sans être un copain ni oublier son rôle de parent et son statut d'adulte. Il sait qu'il doit être un exemple et que sa propre vie doit témoigner qu'il est possible d'aimer et d'accompagner sans se sacrifier.

En vérité, il n'existe pas de mauvais parents. Il y a des parents non informés, ou peu conscients de la position qu'ils occupent et de la façon dont ils pourraient la faire évoluer, la modifier au mieux de l'intérêt de leur enfant. C'est là que le regard d'un tiers, extérieur à la famille, est nécessaire. Il aide à prendre conscience des erreurs, des manques et des excès, ce qui est indispensable pour évoluer, s'améliorer. L'expérience le prouve au quotidien.

Les questions préliminaires que les parents doivent se poser

Quelle que soit la catégorie à laquelle ils appartiennent, je donne à tous les parents ces mêmes conseils pour accompagner leur enfant précoce dans sa croissance et son épanouissement.

Vous devez, tout d'abord, définir vos priorités : chaque parent a une idée bien arrêtée sur la manière dont on élève un enfant et sur la place qu'il doit tenir dans le couple. Il nourrit à son endroit, et dès avant sa naissance, des espoirs qu'il assortit d'exigences particulières. L'arrivée de l'enfant révèle au grand jour les positions de chacun des parents. Or l'un des conjoints aura peut-être un avis divergent de l'autre, qui pourra devenir une source de conflit et parfois, il faudra des années avant qu'une solidarité naisse entre les deux parents. Il y aura, entre-temps, beaucoup d'échecs, de tentatives avortées, de disputes mémorables et de changements de cap brutaux. Souvent, la précocité de l'enfant envenime la situation, elle devient source de mésententes et cristallise des divergences parfois plus profondes, des complexes, des rancunes, des non-dits. Chacun peut radicaliser ses refus ou ses exigences, ou modifier du tout au tout ses décisions. Il est important pour le couple, mais aussi pour l'enfant, de rétablir un équilibre et de se mettre le plus rapidement possible d'accord sur ce que l'on peut attendre de lui, ce que l'on peut lui apporter, et comment on va le lui apporter. C'est-à-dire définir les priorités dans son éducation, même si les deux conjoints sont tacitement d'accord sur le fond, pour qu'il n'y ait jamais de zones de flottement.

Dans le cas des décisions urgentes à prendre, qui ne tolèrent de désaccord ni sur le fond ni sur la façon de gérer une situation, les parents sont tentés de contester la décision de l'autre. Il est préférable qu'une fois la décision prise par l'un, l'autre ne la conteste pas, ou n'aille pas à l'encontre. L'enfant précoce, souvenez-vous-en, est très conscient des divisions qui peuvent exister entre ses parents et peut être tenté de les exploiter. Quand une décision doit être prise dans l'urgence, c'est le parent présent qui doit la prendre. Si l'enfant doit être puni, il doit l'être dans l'instant de sa bêtise. S'il faut qu'il attende le retour du père – ou de la mère – à la maison, pour que soit prononcée la sanction, elle lui apparaîtra comme le fruit d'une conspiration, au lieu de la juste conséquence de sa mauvaise action. Souvenez-vous de leur logique ! Respectez-la !

Vous devez établir les règles de la maison. Les enfants précoces apprennent rapidement les règles de chaque maison, même si elles sont différentes, et s'y adaptent sans mal. Ils savent que chez mamie, on soigne son langage, ou que chez la nouvelle femme de papa, on fait son lit chaque matin. L'important n'est pas que vous tentiez d'harmoniser les règles des maisons entre elles, mais que toutes soient claires, cohérentes et respectées. Plus vous et les membres de votre famille enverrez de signaux brouillés, moins l'enfant les observera. Les règles posées et renforcées évitent certaines angoisses particulières aux enfants précoces, que l'incohérence déstabilise dans la confiance qu'il a dans les lois du monde.

Pour transmettre des valeurs à votre enfant précoce, il vous faut d'abord examiner vos propres valeurs. Vous devrez ainsi vous demander : Est-ce que je veux que mon enfant devienne le meilleur élève de sa classe ? qu'il soit premier à la sortie de Polytechnique ? qu'il fasse Normale sup ? qu'il s'épanouisse quels que soient ses résultats ? Êtes-vous plus intéressé par son développement personnel ? Quels sont vos objectifs ? Sont-ils pratiques ? spirituels ? Voulez-vous que votre enfant gagne beaucoup d'argent plus tard ? Voulez-vous qu'il s'engage dans une mission personnelle ? Voulez-vous les deux ? Quels objectifs intermédiaires avez-vous pour lui ? Laissez-vous vos propres objectifs primer sur les siens ? Quelle image de la réussite lui donnez-vous ? L'aidez-vous à distinguer la célébrité de la réussite ? Montrez-vous l'importance de l'effort, du travail et de l'honnêteté ?

En tant que parent d'enfant précoce, vous aurez besoin plus que d'autres parents d'être clair sur vos objectifs, vos propres besoins de reconnaissance. Vos réponses auront une influence sur les problèmes que vous aurez à gérer. Toute contradiction sera rapidement perçue par votre enfant ! Rappelez-vous que l'enfant précoce a un grand besoin d'idéal. La hauteur de la barre qu'il doit franchir peut soit le contraindre à un effort surhumain et, mesurant le poids de cet effort, le pousser à estimer qu'il est un imposteur qui ne tardera pas à être découvert, soit l'obliger à renoncer et ainsi lui faire perdre toute estime de lui-même. Montrez-lui que les buts sont plus facilement atteints lorsque l'on respecte des étapes et que l'on dose son effort avec patience et réflexion. Vous lui permettrez d'avoir le sentiment de contrôler ses décisions et de se sentir compétent. Souvenez-vous que ce n'est pas parce que vous savez que votre enfant est précoce qu'il le sait aussi, ou qu'il le croit vraiment. Même quand de nombreuses personnes disent à un enfant qu'il est intelligent, il est possible que celui-ci en doute et craigne que l'on ne découvre ses limites.

Privilégiez toujours le dialogue avec votre enfant. Tout d'abord, vous le rendrez heureux : l'enfant précoce aime communiquer, réfléchir tout haut. On l'a beaucoup dit, il pose sans cesse des questions, met vos réponses en équation, interroge de nouveau sur le résultat. Par le dialogue, vous pourrez instaurer un climat de confiance et d'échange, grâce auquel vous saurez aussi quels sont ses rapports avec le monde extérieur.

Lorsqu'il y a conflit entre les valeurs parentales et celles véhiculées par la société

N'oubliez jamais qu'en tant que parent vous êtes, dans votre éducation, constamment en compétition avec d'autres sources d'information et d'autres influences :

- Les autres enfants, les personnes qui ont leur garde en votre absence, l'école, les enseignants, les vedettes de la télévision, du cinéma, de la chanson, d'autres membres de la famille, les voisins, sans oublier les autorités religieuses. Dès qu'il a sept ans, ces sources se multiplient et s'amplifient. Si nous désirons offrir à nos enfants une influence positive et des stratégies intelligentes de vie en société, il est important de contrer le plus tôt possible l'influence des messages narcissiques qu'ils reçoivent en permanence.
- Dès l'âge de sept ou huit ans, abordez avec lui le sujet de la télévision : évoquez « les nouvelles » et leur tendance à induire une certaine anxiété chez le spectateur. Contrôlez le contenu des films ou de certains documentaires présentant les dessous de la société : ils peuvent modifier le regard de l'enfant sur la vie, émousser son esprit conquérant et le rendre peureux. Parlez avec lui de ce qu'il a vu ou entendu, pour qu'il puisse mettre en perspective ces informations toutes fraîches. Cela est particulièrement nécessaire à l'enfant précoce, dont la

curiosité et l'imagination sont insatiables. Commentez les messages publicitaires qui lui sont directement adressés. Ils sont conçus pour donner aux enfants une image positive d'eux-mêmes, mais s'ils n'ont pas confiance en eux – comme souvent les enfants précoces – ces publicités peuvent les rendre dépendants des produits ou des marques qu'elles promeuvent.

- Certains jeux vidéo et leur violence : toute sous-culture a ses propres règles, ses limites et ses façons propres de se comporter. L'enfant qui veut appartenir à ce groupe devra en adopter les mœurs et les valeurs. Or pour beaucoup d'enfants précoces, « entrer dans une bande » est un rêve dont leur différence les prive, le plus souvent. Ils sont alors tentés d'intégrer les groupes les plus marginaux, les plus « différents », comme ils se perçoivent eux-mêmes.

En dépit de vos bonnes intentions pour votre enfant, vous n'aurez pas le contrôle de ces mondes parallèles. Cultiver et maintenir un dialogue ouvert avec lui vous permettra néanmoins de faire contrepoids, de lui apprendre à choisir les bons amis. Il est important que vous sachiez avec qui il déjeune, à qui il parle au téléphone, et ce qu'il a l'intention de faire avec ses copains le week-end quand il a l'âge de sortir seul avec eux. Cherchez à connaître ses amis, invitez-les, cherchez à rencontrer leurs parents. Il n'est pas question de vous transformer en dictateur ni en espion, mais il est essentiel que vous vous reconnaissiez le droit, en tant que parent, de savoir si votre enfant évolue dans un milieu que vous approuvez. Je repense toujours avec émotion à cette adolescente de quatorze ans qui avait obtenu la permission de partir en week-end dans la famille d'un copain de dix-huit ans qui habitait loin et que ses parents ne connaissaient pas. Trompés par la précocité de Florence, ils l'avaient jugée très mûre, au point de lui accorder cette liberté. Ils l'avaient en fait précipitée dans une sexualité qui n'était pas de son âge et qu'elle ne pouvait pas assumer. Le choc et la déception sentimentale qui s'en sont suivis l'ont plongée, quelques mois plus tard, dans une profonde dépression.

Les relations au sein de la famille

□ *Les rapports avec les frères et les sœurs*

Soyez vigilant avec toute la fratrie : les relations entre frères et sœurs, quand un enfant est précoce et que les autres ne le sont pas, ne posent pas systématiquement de problèmes, mais elles sont parfois frustrantes et difficiles, autant pour l'enfant précoce que pour ses frères et sœurs. Certains parents sont responsables de cette situation douloureuse. Sans en percevoir les conséquences, ils utilisent le jeu des comparaisons pour stimuler ou punir, et ce faisant, reconnaissent implicitement l'infériorité des autres enfants. Tous les enfants souffrent de ce parti pris. L'enfant précoce se sent jalousé, voire rejeté par ses frères et sœurs. Et ces derniers se sentent dévalorisés, moins aimés. Certains se lancent dans une compétition douloureuse avec le frère ou la sœur doué, d'autres abandonnent toute velléité de réussite, toute ambition, certains qu'ils échoueront ou feront toujours moins bien.

Faites tester tous vos enfants lorsque l'un d'eux est précoce. Plus en retrait, certains, notamment les cadets, s'avèrent souvent des précoces insoupçonnés. Peut-être n'ont-ils pas eu l'occasion de montrer leurs talents, peut-être n'ont-ils pas les mêmes aptitudes verbales ? Il arrive aussi, bien sûr, qu'ils n'aient pas les dispositions du surdoué.

Comment, alors, le leur annoncer? La question ne devrait jamais se poser. Amener un enfant pour un bilan de précocité n'oblige pas à lui révéler le but exact de la consultation ! Je conseille toujours au parent, lorsque nous prenons rendez-vous, de présenter le test comme une occasion de mieux le connaître, de recevoir des conseils pour mieux l'accompagner dans sa scolarité et ses loisirs. Ainsi abordés, les résultats ne sauraient être décevants ou dévalorisants. En outre, les tests permettent de dévoiler les forces de l'enfant et de donner des conseils sur ses points de vulnérabilité. Dans ce contexte, l'enfant comprend que le psychologue est un allié ; son allié et l'allié de ses parents. Bien sûr, il arrive que l'enfant se présente avec la question aux lèvres et je tente alors de savoir s'il connaît le motif de sa visite. Le parent lui en a-t-il parlé ? Son enseignant a-t-il posé la question devant l'enfant ? A-t-il entendu parler d'un frère ou d'une sœur qui avait passé des tests ? Si je devine chez lui une inquiétude, l'angoisse d'échouer, je m'efforce de dédramatiser la situation en lui assurant que l'on ne peut établir de comparaison immédiate entre des âges différents. J'insiste sur le fait que chaque enfant est unique et doté de talents qui lui sont propres. Je suis là pour découvrir les siens et lui permettre de les investir pleinement.

Quelques rares fois hélas, lors de l'entretien préliminaire, j'ai entendu un parent évoquer, devant son enfant, le QI d'un aîné ou d'un cadet. L'essentiel de mon travail a consisté à recentrer la consultation sur l'enfant présent et à ouvrir les yeux des parents sur les dangers de l'exaltation du surdoué dans sa propre famille, et des rivalités qui peuvent s'ensuivre. Une rivalité qui ne touche pas uniquement les frères et les sœurs ! La rivalité parent-enfant n'est pas totalement exclue non plus ! Il m'est arrivé de recevoir un petit garçon de quatre ans et demi, auquel son papa avait dit, avant de me rendre visite, que son QI était tellement élevé qu'au service militaire on n'avait pas pu l'évaluer !

Lors de consultations avec des familles nombreuses, j'insiste toujours auprès des parents sur l'importance d'éviter toute comparaison, ou de faire allusion à des chiffres de QI qui pourraient inciter certains à se sous-estimer et à craindre le désamour de leurs parents. J'ai ainsi testé une famille de cinq frères. Enfants et parents ont réussi à garder le score de chacun secret. Leurs QI s'échelonnaient de 125 à 145. Le meilleur élève d'entre eux avait le QI le plus bas, alors que celui qui avait un QI de 145 venait d'être orienté en BEP en fin de troisième ! Fort heureusement, cette orientation a pu être modifiée : l'enfant a suivi un enseignement hors contrat pendant quelque temps, jusqu'à ce qu'il prenne enfin conscience qu'il jouait son avenir. J'ai retrouvé Pierre quelques années plus tard, en troisième cycle de lettres, heureux que son recueil de poèmes ait trouvé un éditeur…

Vous ne pourrez pas, bien sûr, toujours protéger vos enfants des bévues de l'entourage. Essayez néanmoins de sensibiliser les proches sur l'importance d'encourager les talents de tous et d'éviter le jeu redoutable des comparaisons. Si vous échouez, compensez les critiques en applaudissant publiquement l'individualité de chacun.

Vous ne pourrez pas davantage éviter que des conflits éclatent entre frères et sœurs. Alors, soyez juste. Comprenez et acceptez la douleur et la frustration de vos enfants les moins doués, même si vous devez sanctionner leur conduite. Et que ce soit en période de tension familiale ou de calme, ne perdez jamais de vue que chaque enfant, précoce ou pas, a besoin d'être aimé, accepté et valorisé.

□ Les rapports avec les parents

Si mon enfant est plus intelligent que moi, que faire ?

Bien que peu de parents m'aient posé la question de façon aussi tranchée, elle sous-tend fortement les interrogations de beaucoup d'entre eux. C'est un fait : l'intelligence laisse rarement indifférent. Elle rend heureux, mais parfois aussi elle encombre, paralyse ou intimide. La réaction des parents à la précocité de leurs enfants est parfois inattendue. Heureux et soulagés, certains, la majorité, accueillent la nouvelle avec fierté. D'autres s'inquiètent, redoutent des problèmes ou, pire, craignent de ne pas être à la hauteur. Avant d'élaborer avec eux une stratégie qui leur permettra de ne pas se sentir menacés par la précocité de leur enfant, je leur répète la règle d'or : un parent n'a pas à se comparer à son enfant. Il n'a pas à entrer en compétition avec lui, ni à se sentir obligé de lui être supérieur.

La crainte de ne pas être à la hauteur, ce sont les parents qui n'ont pas pu faire de longues études qui l'éprouvent et, de fait, associent intelligence et diplômes. Or on peut être intelligent et avoir été mauvais élève. À eux, comme aux autres, je répète que la contribution d'un parent ne saurait être purement intellectuelle. Le parent accompagne et favorise le développement de son enfant de multiples manières, dans de multiples domaines. Votre expérience de vie, vos valeurs vont être des guides fondamentaux. De plus, le parent n'a pas à tout gérer, ni à être tout-puissant pour être un bon parent. Il lui suffit de le reconnaître, et d'avoir l'humilité de s'informer, de demander des conseils, de partager, avec d'autres adultes éclairés, la tâche d'accompagner ou de conseiller leur enfant tout au long de son parcours. Il existe de nombreuses ressources pour aider un enfant précoce à réaliser son potentiel – conservatoires, ateliers, bibliothèques, musées, médias, colonies de vacances à thèmes, centres sportifs... Il serait dommage de ne pas les exploiter au mieux de son intérêt et de ses talents !

L'enfant précoce souffre-t-il davantage du divorce de ses parents ?

L'égocentrisme de l'enfant peut l'inciter, lors de la séparation de ses parents, à centrer l'explication sur lui. L'enfant précoce semble avoir un fort ego. Il peut donc conclure que sa mauvaise conduite est à la source de la séparation de ses parents. Le dialogue, une fois encore, pourra éviter bien des malentendus, effacer bien des ambiguïtés. Toutefois, il peut arriver que la précocité soit réellement à l'origine du conflit parental : l'un des parents focalise la vie de la famille sur l'enfant précoce, tandis que l'autre y devient allergique. Ainsi, j'ai reçu un jour une mère qui se plaignait que son mari avait tenté de l'étrangler devant ses enfants, parce qu'il trouvait excessive l'attention qu'elle leur portait, au point de vouloir les déscolariser pour prendre elle-même en charge leur éducation ! Il est essentiel que les parents d'un enfant précoce, dans un contexte de séparation, prennent le temps de l'écouter et de lui parler. Il est important qu'ils lui disent ce qu'il se passe pour introduire des éléments de réalité dans ses fantasmes et calmer ses angoisses. Dans vos explications, interdisez-vous toujours, surtout avec un enfant jeune, d'avouer que « papa et maman se séparent parce qu'ils ne s'aiment plus » ! Avec la logique infaillible des précoces, l'enfant conclura que ses parents l'abandonneront aussi, dès qu'ils ne l'aimeront plus !

Malgré vos problèmes de couple, soyez attentif à ses réactions pendant la période de séparation. En attendant la clarification de la situation, et l'installation dans une nouvelle vie, l'enfant, tout comme le parent, s'inquiète de l'avenir. La culpabilité n'épargne personne, ni les conjoints ni les enfants. L'idée de briser une vie de famille sécurisante et établie est source d'angoisse pour chacun. L'enfant l'éprouve lui aussi. De son côté, il se demande ce qu'il n'a pas fait ou ce qu'il aurait dû faire pour que rien de tout cela n'advienne. Plus que jamais, il convient de ménager des temps de parole.

Quels pièges doit éviter le parent célibataire ?

Il ne doit pas se mettre à dépendre de l'enfant précoce. Le parent, une fois célibataire, est soumis à un stress important et risque de se sentir débordé par de nouvelles responsabilités. Ne pouvant plus compter sur le conjoint pour le suppléer, il peut être tenté de se tourner vers son enfant précoce. Celui-ci, si mature dans ses paroles, peut lui paraître apte à prendre des responsabilités d'adulte – aller chercher les plus jeunes à la sortie de l'école, préparer le dîner du soir, coucher les petits, quand ce n'est pas donner des leçons de piano ! Souvenez-vous que la maturité affective de l'enfant précoce n'est jamais égale à sa maturité intellectuelle. Son expérience de vie n'est que celle de ses jeunes années. Rappelez-vous que pour ne pas vous décevoir, pour être à la hauteur de ce que vous attendez de lui, il endossera des responsabilités, qu'il ne pourra pas assumer.

Et les beaux-parents ?

Dans une société où le nombre de divorces croît d'année en année, sont légion les enfants qui cohabitent avec un beau-père ou une belle-mère. Parfois ils font même l'expérience d'un second remariage d'un parent. Établir une relation positive avec le nouveau conjoint est essentiel pour la sérénité de tous. Si l'on écarte les difficultés propres à tous les enfants – rivalité avec le nouvel élu, désir de voir les parents revivre ensemble, jalousie à l'égard de nouveaux enfants, manipulation d'un parent contre l'autre... –, le nouveau venu devra apprendre à gérer un enfant dont il ne connaît pas nécessairement le mode d'emploi. De son côté, l'enfant précoce craindra de ne pas être compris ou de ne pas trouver ce qui avait été mis en place lorsque les deux parents vivaient ensemble. Le nouveau conjoint peut ainsi trouver excessive l'attention portée à l'enfant, refuser qu'une part du budget du couple soit consacrée à une école particulière, refuser que l'on invite l'enfant précoce à donner son avis. Le rôle du parent sera alors primordial : il informera la nouvelle épouse ou le nouveau conjoint, il apaisera les craintes de l'enfant. Ce que vous devez éviter à tout prix, c'est d'écarter d'emblée le beau-parent pour prendre en charge tout ce qui a un rapport avec votre enfant.

Il appartient certes à chaque adulte d'établir une relation avec l'enfant du nouveau conjoint mais un temps de parole devrait pouvoir faciliter les choses et éviter des rivalités ou des rapports de force inutiles !

Nous l'avons vu, les situations que le parent d'un enfant précoce devra affronter sont multiples : à l'intérieur de la famille, avec les camarades et les amis, les enseignants, lors des activités sportives ou artistiques. Infatigable, réagissant au quart de tour, l'enfant précoce a besoin de vous en priorité pour que vous l'aidiez à s'épanouir affectivement et dans ses relations avec autrui, qui n'a pas toujours la clé pour le comprendre !

Il vous faut donc encourager son intelligence émotionnelle, et son intelligence relationnelle, fondamentales l'une comme l'autre pour assurer son équilibre et son rapport harmonieux avec le monde...

3

Encourager l'intelligence émotionnelle

Le chiffre de QI ne saurait à lui seul définir l'enfant précoce. Sans vouloir minimiser la valeur des échelles d'intelligence, j'explique toujours aux parents qui viennent me consulter qu'elles sont faillibles, qu'elles ne sauraient, à proprement parler, « mesurer » intégralement l'intelligence de leur enfant et qu'elles se conjuguent, pour être raisonnablement acceptées comme fondement de la précocité, avec l'intelligence émotionnelle. Si un QI élevé pose le diagnostic de la précocité, il ne garantit en rien l'épanouissement du potentiel de l'enfant. Il faut, pour l'envisager, que ce quotient intellectuel se conjugue avec un bon quotient émotionnel, à savoir la mesure de ce que l'on appelle, depuis une vingtaine d'années, l'intelligence émotionnelle. À cette condition, le potentiel de l'enfant précoce pourra s'épanouir. Sans elle, il ne portera pas ses fruits. Encore faut-il, pour bien saisir cette complémentarité, comprendre ce qu'est l'intelligence émotionnelle, savoir ce qui la définit et par quelles caractéristiques elle se manifeste. Loin de moi l'idée de pontifier, mais c'est en comprenant bien son essence, ses mécanismes en général, et en particulier dans la précocité, que les parents pourront encourager l'intelligence émotionnelle chez leur enfant. Cet aspect est d'autant plus important que l'intelligence émotionnelle, lorsqu'elle est comprise, travaillée, développée, permet de compenser la dyssynchronie dont souffrent les surdoués – à savoir le décalage entre maturité intellectuelle et maturité affective – et d'où proviennent leurs difficultés les plus aiguës.

Qu'est-ce que l'intelligence émotionnelle ?

Les émotions font partie, avec la motivation, les cognitions et la conscience, des quatre types d'opérations mentales que gère le cerveau. Comme les motivations de base qui surviennent pour répondre à des états internes tels que la faim, la soif, le besoin de contacts sociaux ou le désir sexuel, et dictent à l'organisme comment satisfaire les besoins de survie et de reproduction – par exemple, la soif augmente jusqu'à ce qu'elle soit étanchée –, les émotions signalent à l'individu tout changement dans ses relations avec son environnement afin qu'il y réponde en conséquence. Ainsi, l'injustice déclenche la colère, le danger, la peur, etc. Au contraire des motivations, les émotions peuvent suggérer plusieurs réponses au même message. Ainsi, la peur peut entraîner l'attaque ou la fuite. Les émotions sont par conséquent plus flexibles que les motivations, mais pas autant que ne le sont les cognitions. Celles-ci enseignent à l'organisme comment s'adapter à son environnement, à mémoriser les informations et à résoudre les problèmes que lui posent les situations nouvelles. En général, ces apprentissages tendent à satisfaire les motivations et à créer ou maintenir des émotions positives. Selon la combinaison de ces trois opérations mentales, à quoi s'ajoute celle de la conscience, la personnalité de chaque individu se façonne différemment.

□ Les bases neurobiologiques des émotions

L'intelligence émotionnelle est la capacité à percevoir ses propres émotions et à établir des rapports harmonieux avec les autres. Elle est essentielle pour l'accomplissement de soi et intervient à tous les niveaux de la vie personnelle et professionnelle. Sa « découverte » repose sur les observations de l'Américain Joseph LeDoux. En 1990, ce professeur de la New York University s'est aperçu qu'une petite partie des stimuli provoquant nos émotions n'était pas traitée au niveau du cortex, mais au niveau d'une petite glande en forme d'amande logée dans les replis de notre encéphale. Cette glande possède son propre circuit neuronal qui prend le pouvoir dans les moments de forte émotion ou de danger. Joseph LeDoux a donc fait la preuve scientifique qu'une part de nos émotions échappait à tout contrôle rationnel. C'est pourquoi nous avons tant de peine à nous maîtriser dans des moments d'émotions intenses : colère, rage, jalousie, peur, etc. Est-ce à dire que certaines émotions prennent entièrement le pas sur nos décisions et nous livrent à elles, dans tous leurs excès ? Non, car la maîtrise des émotions se développe grâce aux expériences répétées de l'enfance et de l'adolescence, et contribue ainsi à façonner ce circuit. Les facteurs cruciaux pour que cette éducation se fasse harmonieusement reposent sans conteste sur le sérieux et la sensibilité avec lesquels les parents répondent aux besoins de l'enfant, dans la cohérence et la générosité des conseils dont il bénéficie pour apprendre à dominer ses contrariétés et ses pulsions, ainsi que nous l'avons vu dans le chapitre précédent. Cette intelligence est donc perfectible, et cette perfectibilité dépend en grande part de l'éducation parentale !

□ Les premières théories sur l'intelligence émotionnelle

Après ces constatations proprement neurologiques, une théorie de l'intelligence émotionnelle a été développée au début des années 1990 par Peter Salovey (Yale University) et John Mayer (New Hampshire University). Elle s'est fondée sur l'observation que deux individus du même âge, jouissant du même QI, placés dans le même environnement socioculturel et n'ayant affronté ni l'un ni l'autre de graves traumatismes – perte d'un parent proche, déménagement douloureux, rencontre affective destructrice d'un ami ou d'un mauvais maître –, pouvaient réussir de façon très inégale. Analysée de plus près, cette inégalité dans la réussite – professionnelle, mais aussi sociale et affective – portait davantage sur le rapport avec l'entourage et le monde que sur la capacité de ces deux individus à résoudre des problèmes purement cognitifs. Existait-il donc une autre forme d'intelligence, propre à s'adapter à la complexité affective de l'environnement social ? Dans un premier temps, ces deux chercheurs s'appliquèrent à la définir comme une forme d'intelligence qui suppose la capacité à contrôler ses sentiments et émotions et ceux des autres, à faire la distinction entre eux et à utiliser cette information pour orienter ses pensées et ses gestes. Définition qu'ils ont, par la suite, affinée en une habileté à percevoir et à exprimer les émotions, à les intégrer pour faciliter la pensée, à comprendre et à raisonner avec les émotions, ainsi qu'à réguler les émotions chez soi et chez les autres[1].

À partir de cette théorie, les bases de ce que l'on a proprement appelé l'éducation émotionnelle ont été jetées. Elles ont irrigué le mouvement d'« éducation affective » des

1. Cf. Mayer J.D., Salovey P., « Emotional intelligence », *Imagination, Cognition, and Personality*, 9, 1990, p. 185-211.

années 1960, selon lequel, en matière de psychologie et de motivation, l'enfant apprend d'autant mieux qu'il met immédiatement en application ce qu'il a appris. L'éducation émotionnelle enrichit cette manière de faire : en plus d'utiliser l'émotion pour éduquer, elle éduque les émotions elles-mêmes. Les tensions et les traumatismes que vit l'enfant sont analysés au jour le jour, au fur et à mesure des questions concrètes que les maîtres abordent : le rejet, l'envie, les disputes. Les relations interpersonnelles font l'objet d'une grande attention, les élèves apprennent à écouter et à poser des questions pertinentes, à distinguer ce qu'un autre dit ou fait de leurs propres réactions et jugements, à se montrer assurés dans leurs propos sans se mettre en colère ni rester passifs. Selon cette méthode, les enfants s'initient à l'art de la coopération, s'exercent à résoudre les conflits et à négocier des compromis.

□ Les perspectives récentes dans l'étude de l'intelligence : la distinction entre QI et QE

Quelles qu'aient été ses preuves et son efficacité, cette technique n'a pas sorti l'éducation émotionnelle du cercle d'initiés où on la pratiquait. Ce qui l'a véritablement popularisée, c'est l'ouvrage de Daniel Goleman, devenu un best-seller mondial, *L'Intelligence émotionnelle. Accepter ses émotions pour développer une intelligence nouvelle*[1]. Paru tout d'abord aux États-Unis en 1995, cet ouvrage souligne notamment que des compétences humaines comme la maîtrise de soi, l'autodiscipline, la persévérance et l'empathie font partie des qualités indispensables qui déterminent la réussite de l'individu, et que les enfants se doivent de les acquérir

1. Goleman D., *L'Intelligence émotionnelle. Accepter ses émotions pour développer une nouvelle intelligence*, Paris, J'ai Lu, 1998. 2e éd. 2003.

dès leur plus jeune âge. Selon Goleman, ces qualités dépendent essentiellement du fonctionnement des émotions chez l'individu – ses compétences émotionnelles – et impliquent des schémas de pensée sur lesquels on peut intervenir en toute conscience. Pour cela, il importe de reprendre le chemin des expériences vécues et d'y considérer le rôle et les mécanismes précis des réactions émotives. D'autre part, le livre s'appuie sur certaines conclusions déjà formulées par Mayer et Salovey, selon lesquelles l'intelligence émotionnelle contribue mieux que l'intelligence cognitive à la réussite sociale. Mieux encore, il affirme que l'intelligence émotionnelle a des effets positifs sur la santé. Celle-ci fut dès lors présentée comme la nouvelle définition de ce qu'est « être intelligent ». Elle suscita un formidable enthousiasme parce que Goleman démontrait que cette forme d'intelligence, plus qu'aucune autre, pouvait et devait être développée et entraînée et, ainsi travaillée, conduisait aux mêmes succès qu'un QI élevé. En outre, puisqu'elle est également distribuée à travers toutes les classes sociales et qu'elle peut être développée, l'intelligence émotionnelle ne s'accompagne pas des craintes, des exclusions et des précautions qu'induit le QI, toujours suspect d'élitisme et d'inégalités.

D'autres chercheurs ont travaillé dans le sens de Goleman. L'un des plus célèbres, Reuven Bar-On, directeur de l'Institut des intelligences appliquées du Danemark et expert-conseil auprès de nombreuses organisations en Israël, a mis au point une des premières mesures de l'intelligence émotionnelle et utilisé pour la première fois aussi l'expression de « quotient émotionnel ». Le modèle qu'il a proposé au terme de ses études a le mérite de se focaliser sur le potentiel de rendement et de succès, plutôt que sur le rendement ou le succès comme tels. Selon lui, l'intelligence émotionnelle se développe avec le temps, et il est possible de l'améliorer par la formation et la thérapie. À son tour, il pose l'hypothèse d'une meilleure réussite chez les personnes dotées d'un QE supérieur à la moyenne quand elles doivent faire face aux pressions de l'environnement. A contrario, les personnes présentant un QE déficitaire rencontrent des obstacles dans leur réussite et des problèmes psychologiques qui peuvent aller en s'aggravant. En conclusion, Bar-On affirme que l'intelligence cognitive ne saurait seule définir l'intelligence d'un individu, si elle n'est pas complétée par l'intelligence émotionnelle.

□ Les composantes de l'intelligence émotionnelle

Je ne m'étendrai pas sur la quantité phénoménale des autres recherches scientifiques portant sur l'intelligence émotionnelle, ni sur le débat visant à en contester la réalité scientifique, au prétexte qu'elle ne représenterait que des traits de caractère déjà étudiés, sous d'autres appellations, par les psychologues. Le grand mérite des études sur l'intelligence émotionnelle est de nous inviter à réfléchir sur deux termes précis qui nous permettent de cerner au mieux les incidences sur le développement de nos enfants. Il s'agit de la notion d'émotion et de la notion d'intelligence, et de leurs possibles combinaisons. À leur propos et pour les définir, David Goleman et Reuven Bar-On ont développé deux modèles à peu près équivalents, sur lesquels je m'appuie pour conseiller les parents quand il s'agit d'aider leurs enfants à surmonter leurs difficultés :

- la conscience de soi, soit la capacité à cerner ses émotions, permet de reconnaître l'influence de celles-ci et la façon dont on peut les canaliser ou les utiliser pour prendre les meilleures décisions possibles ;
- la maîtrise de soi, ou l'art de maîtriser ses émotions et ses impulsions, permet de s'adapter à la situation ;

- la conscience relationnelle – nous reviendrons plus en détail sur ce concept dans le chapitre suivant –, soit la capacité à détecter et à comprendre les émotions d'autrui, permet de leur apporter la réponse la plus harmonieuse, et la capacité à distinguer les différentes émotions que l'on peut ressentir en même temps, et déterminer celle qui, entre toutes, influence les décisions ;
- la gestion relationnelle, c'est-à-dire la capacité à inspirer et à influencer les autres, qui permet de favoriser l'épanouissement de tous et de gérer les éventuels conflits.

Ce que Reuven Bar-On a synthétisé en impératifs simples, qui résument les caractères principaux de l'intelligence émotionnelle :

1. être conscient de soi ;
2. se comprendre et s'exprimer ;
3. être conscient des autres, les comprendre et entretenir des rapports avec eux ;
4. faire face à des émotions fortes ;
5. s'adapter au changement et régler des problèmes de nature sociale ou personnelle.

L'intelligence émotionnelle et la précocité

□ Les difficultés propres aux enfants précoces

Je l'ai déjà dit, l'essentiel des troubles dont souffrent les enfants surdoués résulte de la dyssynchronie entre leur précocité et la supériorité de leurs facultés intellectuelles d'une part, et le retard de leur maturité affective d'autre part. D'ailleurs, selon les chiffres du Medec (2003) qui leur a consacré une étude, 10 % à 30 % des enfants intellectuellement précoces présentent des troubles psychologiques et du comportement. Cette même étude a établi que les manifestations pathologiques d'une souffrance psychologique sont liées à la difficulté des enfants précoces à gérer leur décalage intellectuel. En fait, plus le QI est élevé, plus les troubles sont graves, en particulier chez les garçons. J'ai souvent reçu, dans mon cabinet, des enfants dépressifs, anormalement inhibés, en proie à de fréquentes crises de larmes, ou chroniquement enfermés dans des rêveries continuelles. Ces dépressions étaient parfois assorties de tics, de troubles obsessionnels compulsifs, d'une tendance à somatiser la souffrance psychologique dans des maux physiques divers – asthme, bégaiements, douleurs abdominales, migraines, eczéma, voire, chez les filles plus particulièrement, des anorexies ou des boulimies et des problèmes d'insomnie. Enfin, au moment de l'adolescence, l'anxiété qui souvent accompagne la précocité peut prédisposer à la toxicomanie ou à des conduites d'addiction, à un comportement morbide allant jusqu'à la tentation de se suicider.

Pour l'enfant précoce plus que pour tout autre enfant, la gestion des émotions, leur identification, bref cette gymnastique du cœur établie dans ses principes par les théoriciens de l'intelligence émotionnelle, est l'un des meilleurs gages de réussite. Cela vaut pour la grande majorité des individus, bien sûr. Quelles que soient l'ampleur des connaissances, la valeur des diplômes, un enfant, un adolescent ou un adulte qui ne pourrait identifier et gérer ses émotions ne saurait réussir. Cependant, l'enfant précoce, comme nous l'avons vu au premier chapitre, subit plus que tout autre enfant l'impact de ses émotions : absorbé, débordé par ce qu'il ressent, il ne peut plus se reposer sur ses facultés intellectuelles qui semblent comme annihilées. Il se retrouve alors dans la situation de ces enfants qui, bien que préparés, paniquent au moment de l'examen et restent sans écrire, avec l'impression d'avoir la tête totalement vide. Angoissé par le stress extérieur, cet enfant n'a plus aucune possibilité de recourir à sa raison, à son esprit de synthèse, et ne parvient plus à focaliser son attention, à comprendre ni à apprendre quoi que ce soit.

Paradoxalement, alors que les parents le soutiennent dans de nombreux apprentissages, comme celui de la sûreté des connaissances et de la mémoire, ils laissent au hasard celui de l'intelligence émotionnelle. Or, nous l'avons dit plus haut, l'intelligence émotionnelle est une intelligence qui se maîtrise, s'acquiert et se développe dès le plus jeune âge. Il est d'autant plus important d'enseigner cette intelligence, que l'intensité des émotions de l'enfant précoce donne parfois au parent un sentiment d'impuissance, voire d'effroi. Comment réagir face à ces cris, ces pleurs, cette colère noire, irrépressible ? Quelle réponse donner à ce départ intempestif en claquant la porte, à une absence anormale de la maison ? La plupart du temps, même chez des parents attentifs, à l'écoute de leur enfant, les réponses à ces crises émotionnelles sont inappropriées, générant une escalade dans la force de l'expression de l'émotion, avec cris, menaces, mots violents. Or l'enfant précoce plus que tout autre a besoin d'être accompagné et guidé dans son apprentissage de l'intelligence émotionnelle. En effet, en raison de ses dons intellectuels, il perçoit avec plus d'acuité que les enfants de son âge. Cela peut avoir pour conséquence des comportements affectifs atypiques.

Ces heurts, cette apparente incommunicabilité entre les parents et les enfants précoces, reviennent souvent dans les doléances que les uns et les autres expriment au cours de mes consultations. Ils peuvent même être la raison du rendez-vous, pour dissiper le malaise et trouver un dialogue qui paraît alors, aux uns et aux autres, impossible. Mon premier souci est de définir la nature de cette intelligence émotionnelle, d'insister sur l'importance de la travailler, de l'éduquer, de la développer, et surtout de la comprendre. J'apprends aux enfants comme aux parents à cerner les principales aptitudes émotionnelles avant d'intervenir sur chacune d'entre elles. Soit, identifier, exprimer et contrôler ses émotions. Maîtriser son impulsivité, gérer la frustration et savoir attendre la gratification. Enfin, gérer le stress et l'anxiété.

□ Aider son enfant à identifier ses émotions

Il est important d'apprendre à son enfant à identifier ses émotions – colère, tristesse, peur, joie, amour, surprise, dégoût, honte, etc. – et de lui enseigner par la suite qu'il peut toujours choisir la réponse à donner à cette émotion, car il en est le maître et non la victime. C'est en réfléchissant a priori aux réponses possibles à cette émotion, en élargissant leur spectre, que l'on enrichit notre vie. Encore faut-il, pour reconnaître ces émotions, savoir les nommer et utiliser un vocabulaire précis pour les exprimer : l'extraordinaire faculté de mémorisation des enfants précoces sera un atout pour ces jeux de dictionnaire, qui deviennent vite des moments de complicité si vous leur donnez le caractère ludique qu'ils méritent. À ce propos, j'aime évoquer deux souvenirs illustrant le même incident : l'enfant nerveux, grincheux, qui hurle pendant un voyage en avion.

Dans le premier cas, il s'agit d'un jeune couple avec un petit garçon de deux ans. Peu après le décollage, l'enfant se met à pleurer. La mère prend l'enfant sur ses genoux et l'entoure de ses bras sans parler. L'enfant continue à pleurer. Irrité, sensible à la gêne occasionnée par les pleurs de son fils, le père prend le relais. Sans dire un mot, il arrache l'enfant aux bras de sa mère et tente de le calmer en le secouant. Les pleurs se transforment en hurlements. La mère, consciente à son tour de l'irritation des passagers, reprend l'enfant et le secoue à son tour, encore plus fort, sans qu'aucune parole soit échangée, ni entre les parents, ni entre le père ou la mère et leur petit garçon... Sans doute terrorisé, et encore incapable de comprendre son angoisse et de l'extérioriser autrement que par des pleurs, l'enfant n'a pas trouvé d'aide chez ses parents, mais une sanction qui a décuplé sa crise de larmes...

Dans le deuxième cas, le couple revient en avion d'une visite chez les grands-parents, avec leur fillette de deux ans. Elle s'appelle Zoé. Elle est fatiguée et grincheuse. À peine sur son siège, elle demande son doudou à sa mère, assise à côté d'elle. Malheureusement, la peluche réclamée a été enregistrée dans les valises placées dans la soute. Zoé commence à pleurer quand sa mère lui apprend qu'elle ne peut satisfaire sa demande. Mais plutôt que de s'irriter et de hausser le ton, la mère, calmement, explique la situation à sa fille. L'impatience de Zoé ne cède pas pour autant. Elle pleure de plus belle et gigote pour fouiller dans le sac de sa mère. Elle veut sa peluche maintenant. Sensible à la frustration et à la peine ressenties par sa fille, la mère choisit de la réconforter et de compatir à son chagrin. Elle met des mots sur les émotions de Zoé et lui parle de sa colère, de son désir d'avoir tout de suite son doudou et de lui faire un câlin en le serrant contre elle. La tempête se calme. Zoé se détend peu à peu. Elle s'allonge doucement, apaisée, et s'endort, la tête posée sur le bras de sa mère.

Bien que Zoé, frustrée par l'absence de son doudou, ait bien compris qu'elle ne pouvait pas l'obtenir, elle refusait les excuses, les explications et les tentatives de diversion. Découvrir ce qu'était ce sentiment qui la rendait malheureuse, que sa mère le comprenait et le partageait, lui a rendu son calme et a apaisé son angoisse...

□ Aider son enfant à comprendre l'origine de ses émotions

Dans un deuxième temps, il convient d'apprendre à percevoir la nature des liens qui enchaînent émotions, pensées et réactions, et de se demander ce qui détermine réellement les décisions : la raison ou le cœur ? Il faut enfin percevoir les multiples conséquences d'un choix et garder à l'esprit ces conséquences au moment de prendre sa décision. Lorsque j'énonce ces processus aux parents pendant la consultation, ils s'effraient souvent du nombre de raisonnements, voire de la raison qu'impliquent ces premières mesures. Je les rassure toujours. D'une part, leur enfant est précoce et tout à fait capable de saisir, dans son ensemble, cette gymnastique intellectuelle. D'autre part, à chaque âge correspond pour les parents une méthode et un vocabulaire qui lui sont adaptés. Lorsqu'un parent veut expliquer à un enfant de deux ans ce qu'est une poule, il n'emploiera pas les mêmes mots, la même rhétorique qu'avec un enfant de dix ans. Dans ce cas de figure, tout naturellement, vous saurez utiliser la méthode qui convient à votre enfant. Ce peut être par le raisonnement pur, ou par le biais d'une feuille sur laquelle l'enfant lui-même consignera ses émotions, et par un jeu de flèches ou de dessins, il fixera le territoire émotionnel dans ses manifestations les plus graves, ses réponses et ses conséquences. S'il advient que vous ressentiez quelques réticences chez votre enfant à procéder ainsi, dites-lui qu'un enfant qui a appris à se connaître sera conscient de ses forces et de ses faiblesses, se percevra de façon positive et réaliste, et ainsi, intégrera mieux ses talents dans son quotidien. Chez l'enfant précoce, les émotions fusent avec une grande force, sans qu'il en comprenne vraiment la source. Or les parents sont souvent débordés par cette hypersensibilité qu'ils affrontent avec un sentiment d'impuissance, et à laquelle ils apportent le plus souvent une réponse inadéquate. L'enfant peut alors déprimer, se sentir incompris, seul. Mais dès qu'il sait ce qui se cache derrière son ressenti et lui donne un nom – comme la blessure derrière la colère –, il est mûr pour apprendre les différentes manières de gérer ce qui résulte de ses émotions – colère, angoisse ou tristesse... Il sera alors capable de se sentir pleinement responsable de ses décisions et de ses actions, et partant, de s'engager.

□ Apprendre à son enfant à gérer ses émotions

Persévérance, optimisme, automotivation, enthousiasme, compréhension et contrôle de ses émotions, lucidité sur soi-même, empathie, adaptation, telles sont les caractéristiques de l'intelligence émotionnelle et les points sur lesquels le parent de l'enfant précoce peut l'aider à agir, dans la perspective de maîtriser une trop grande fragilité affective. Encore faut-il savoir où en est l'enfant précoce sur ces aspects précis du caractère.

- *L'émotivité* – L'enfant précoce paraît fréquemment plus sensible, plus intense dans ses réponses que les autres enfants. Certains auteurs expliquent cette intensité par une dysharmonie dans le développement, d'autres par le fait que ces enfants ne sont pas comme les autres et que le monde dans lequel ils vivent peut être hostile à leurs besoins. L'un n'exclut pas l'autre.
- *Le perfectionnisme* – L'enfant précoce met très souvent la barre haut pour lui-même, plus haut bien souvent que ne la mettent ses parents ou ses enseignants. Il recherche une excellence qui n'est pas toujours bien tolérée par son entourage. Une conséquence de ce perfectionnisme peut être une tendance à éviter de franchir l'obstacle pour ne pas risquer un échec ou une

mauvaise performance. En contrepartie, son perfectionnisme l'incite à travailler dur pour atteindre ses idéaux.

- *L'hypersensibilité* – La grande exigence envers lui-même peut rendre l'enfant précoce hypersensible, notamment à la critique. La moindre raillerie peut prendre des dimensions inattendues ! Il sait ainsi très rapidement si son interlocuteur l'« aime » ou « ne l'aime pas ». Un refus dans la cour de récréation peut être interprété comme un rejet définitif.
- *Le développement précoce de peurs* – C'est la conséquence de ses capacités de perception et de compréhension. L'enfant précoce perçoit très tôt les dangers, mais il est trop jeune pour affronter les conséquences qu'il imagine. Il développe alors des peurs beaucoup plus tôt que d'autres enfants. Autre conséquence de leur avance intellectuelle, ces enfants perdent plus tôt leur innocence et leur croyance dans la magie.
- *La persévérance* – L'enfant précoce est le plus souvent très impatient. Il comprend très vite et attend la même vivacité de l'autre, et que tout marche tout de suite. Frustré dans son impatience, il abandonne avant d'obtenir le résultat escompté.
- *L'optimisme* – L'enfant précoce est un optimiste à sa manière ! Capable de grands élans et de grandes passions, il perçoit vite le défaut, le manque, la faille, qu'il dénonce immédiatement. Pour cela, certains le jugent pessimiste, mais ne vous y trompez pas ! Pour cet enfant, souligner ce qui ne va pas est une première étape vers la recherche de la solution. Néanmoins, le parent peut se sentir débordé par cet esprit critique, et le retourner contre l'enfant.
- *L'automotivation* – Là encore, il semble que cet enfant accumule les contradictions ! S'il travaille des nuits entières sur un sujet ou un projet qui le passionne,

l'enfant précoce semble parfois peu motivé. Vous devez éviter de faire de ce manque de motivation une généralité. Il est, chez lui, sélectif. Il suffit de mettre en évidence l'intérêt de la matière pour que l'enfant s'y investisse sans rechigner.

- *La capacité d'empathie* – Elle est à la fois immense, comme elle peut paraître atrophiée. C'est que, souvent blessé, l'enfant précoce peut se retirer dans sa coquille et rejeter le monde en bloc, tout en manifestant, sur des points précis, une attention à l'autre très aiguisée. Ce contraste laisse souvent les parents perplexes qui, jugeant le repli à l'aune des capacités à entendre son prochain, réprimandent l'enfant pour son « insensibilité » qui les effraie plus que tout.
- *L'image positive de soi* – Chez l'enfant précoce, la conscience de soi se développe tôt, ce qui accroît son sentiment d'être différent des autres enfants. Cette conscience peut l'induire à penser que quelque chose ne va pas chez lui. Contrairement aux idées reçues, l'enfant précoce ne se sent pas supérieur aux autres. Il est peu sûr de lui. Les modestes résultats auxquels il parvient eu égard aux grandes attentes qu'il formule en son for intérieur fragilisent son image. De façon générale, s'il est confiant dans ses domaines de talent, il se sous-estime dans ses aptitudes physiques ou sociales. J'ai reçu en bilan un jeune homme de dix-huit ans, élève en classe préparatoire, qui souhaitait comprendre pourquoi il s'était toujours senti différent ; pourquoi, alors que les autres devaient travailler dur, il n'avait pour sa part jamais eu encore à fournir d'efforts. Ce qui aurait ravi d'autres élèves lui était désagréable et source d'un sentiment d'inquiétante étrangeté. Encore une fois, le parent est démuni lorsqu'il est confronté à l'autodénigrement de son enfant qu'il sait intelligent. Des félicitations géné-

rales ne le réconforteront pas davantage. Sachez-le, pour s'estimer, un enfant précoce a besoin d'approbations méritées sur des points spécifiques.

- *L'indépendance* – L'enfant précoce est un mélange paradoxal d'indépendance et d'immaturité affective, qui désarçonne les parents quant aux libertés à lui concéder. Rappelez-vous que si votre enfant sait gérer seul certaines situations d'ordre intellectuel, il reste très souvent démuni, affectivement, face à des émotions qui le dépassent. De plus, les écarts dans son développement avec des points de grande aisance et de grande avance peuvent être la source d'intenses frustrations. Votre enfant peut ainsi conceptualiser ce qu'il veut réaliser, mais ne pas posséder encore les aptitudes motrices pour mener à bien son projet. Les réactions d'insatisfaction qui s'ensuivent sont parfois interprétées à tort comme des signes d'immaturité.
- *Le questionnement de l'autorité* – Rude épreuve pour les parents ! L'enfant précoce conteste en permanence les limites que lui posent ses parents, non parce qu'il ne reconnaît pas leur autorité, mais parce qu'il a besoin qu'on lui explique rationnellement leur fondement. Un grand nombre de parents s'épuisent à vouloir répondre, voire s'offusquent de la logique avec laquelle leur enfant pointe les contradictions dans leurs règles.
- *La capacité d'adaptation* – C'est un sujet souvent épineux pour l'enfant précoce qui peine à se conformer aux attentes de son entourage, fondées sur sa maturité apparente et non pas sur son âge réel, et à négocier dans la cour de récréation avec ses camarades. Certains sont jugés comme de petits despotes, d'autres comme des inadaptés, retirés dans leur tour d'ivoire. Veillez toutefois à ne pas confondre l'inadaptation et le non-conformisme, fréquent chez les enfants précoces. En

effet, en raison de leur indépendance et de leurs déductions à partir de leurs sources d'information, les enfants précoces résistent bien souvent aux tentatives externes de contrôler leur comportement. Leur façon de ne pas respecter la règle et de lui préférer leur propre méthode peut donner l'impression qu'ils font des bêtises. Le fait qu'ils ne se plient pas toujours aux règles ne les empêche nullement d'attendre des autres qu'ils les respectent !

Ne perdez pas de vue qu'un même trait de caractère peut avoir des incidences positives ou négatives. Voici quelques expressions positives et négatives de certaines caractéristiques émotionnelles des enfants précoces :

- La sensibilité peut s'exprimer positivement en imagination, en une fine capacité d'observation, mais elle peut amener à surréagir à la critique ou à l'erreur et à des peurs.
- Le perfectionnisme favorise l'excellence, la réalisation de grandes choses et la consolidation de la confiance en soi grâce à la réussite, mais ce perfectionnisme peut aussi induire de la frustration, des difficultés à aller de l'avant, de la déception.
- La capacité à investir devient positive lorsqu'elle est associée à la curiosité, lorsqu'elle se traduit par de la persévérance, mais elle possède un versant négatif : elle peut générer une insatiabilité, de la fatigue, de l'ennui quand les tâches sont routinières.
- L'indépendance de pensée est un atout quand elle est créativité ou source de motivation. Elle est négative lorsqu'elle conduit à s'enfermer dans une tour d'ivoire, empêche de collaborer, devient obstination.
- La maîtrise de soi permet d'apprendre à partir de ses erreurs, mais elle peut aussi conduire à s'autodéprécier.

- L'aisance à comprendre les enjeux sociaux peut s'exprimer par de l'humour, une tendance au leadership, mais elle risque aussi de déboucher sur la manipulation des autres, sur l'isolement.
- Le sens de l'injustice et un certain idéalisme sont positifs lorsqu'ils permettent l'empathie et se traduisent par un engagement dans des causes sociales. Ils sont négatifs lorsqu'ils provoquent déception ou indignation dans la relation avec les autres, voire du dénigrement systématique et du cynisme.

Le portrait-robot de l'enfant précoce ainsi dessiné, quels conseils peut-on donner à ses parents pour l'aider à développer son intelligence émotionnelle ?

Tout d'abord, n'oubliez pas qu'il existe un calendrier des apprentissages. Chaque âge est caractérisé par de nouvelles expériences de vie, qui correspondent à une évolution biologique et sociale.

Les étapes du développement émotionnel

La capacité à faire et à être seul s'apprend dès les premiers jours de la vie. Celle-ci toutefois reste fragile tant que l'enfant n'a pas appris à intérioriser la présence de l'autre. C'est-à-dire à garder en soi, en dépit de l'absence physique du parent, l'assurance d'un lien qui ne sera pas irrémédiablement rompu par son départ. Dans les premières années, la présence d'un objet « transitionnel » – doudou, sucette – est un rappel de la mère physiquement absente. Il permet à l'enfant de s'endormir seul, ou dans une autre maison. Progressivement, l'expérience – on se quitte, on se retrouve – permet d'intégrer qu'après l'absence revient la présence. Cette étape est essentielle pour tous les enfants, précoces ou pas. Elle constitue les fondements du sentiment de sécurité ou d'insécurité que l'on constatera plus tard. Les facultés de raisonnement que remarque très vite le parent d'un enfant précoce peuvent l'inciter à laisser l'enfant seul beaucoup trop tôt pour sa maturité effective. À long terme, cet « abandon » peut se traduire par une fausse assurance affichée et une profonde détresse intérieure. Je repense à la fillette de neuf ans qui devait gérer seule, au prétexte de sa précocité, ses soirées – goûter, devoirs, bain, dîner, coucher – alors que ses parents venaient d'investir dans un restaurant et ne rentraient à la maison qu'à minuit.

□ À l'école maternelle

L'entrée au jardin d'enfants et à la maternelle génère un sentiment d'insécurité. La crèche, l'école représentent des étapes importantes pour les petits, précoces ou pas. C'est le moment où le regard du monde extérieur intervient, où l'enfant va devoir exercer de nouvelles capacités d'adaptation. L'accès tôt à un langage élaboré va distinguer l'enfant précoce des autres. L'avance intellectuelle va par ailleurs l'amener à exprimer des attentes, des jeux différents. Il risque déjà de paraître atypique. Ses réactions ne seront pas toujours comprises par les adultes non informés sur la précocité, qui le considéreront comme plus mûr affectivement qu'il ne l'est en réalité, en raison des propos de grand qu'il est capable de tenir. L'enfant découvre à cette époque s'il se sent à l'aise ou non loin des siens. À l'école maternelle, les règles sont nouvelles, et l'on attend qu'il s'y adapte progressivement. La position du parent à la maison aura un impact important sur ses réactions au monde extérieur. Petits rois adulés, objets d'émerveillement pour leurs parents à la maison, certains enfants ne comprennent pas l'attitude plus neutre de leur entourage. Alors, certains renchérissent dans leurs efforts pour maintenir leur place, d'autres se replient dans un coin.

Ceux dont les parents ont gardé une attitude plus modérée s'adapteront beaucoup plus facilement.

□ À l'école primaire

À six ans, l'entrée en CP élargit le monde social et ouvre un champ de comparaisons possibles avec les autres élèves de la classe, et avec les frères et sœurs s'ils sont bons élèves. Certains sentiments se densifient, de nouvelles occasions de ressenti apparaissent. L'enfant découvre des rivaux dans l'attention de l'adulte, avec de la jalousie, mais aussi des occasions de se sentir fier, de consolider sa confiance en lui. Il a pénétré enfin dans le royaume du savoir, et ses attentes vont s'intensifier – attentes d'apprentissages enfin intéressants, attente d'occasions de mettre en avant ce qu'il sait.

De six à onze ans, l'école influe fortement sur ce que vivra l'adolescent ou l'adulte. Le sentiment de valeur personnelle s'enracine dans la capacité à exceller en cours ou en sport. L'enfant apprend à remettre la gratification à plus tard, à devenir responsable socialement, à contrôler ses émotions et développer son optimisme. Mais il peut être aussi très vite déçu, surtout lorsqu'il perçoit qu'il sait déjà, que le rythme n'est pas le sien, que l'école représente d'interminables heures d'ennui. La souffrance apparaît ou s'amplifie. La réponse du parent sera à nouveau essentielle, et la collaboration entre parents et école primordiale. C'est une période où le sentiment de différence est de plus en plus fort, où les possibilités de comparaison s'accroissent. Les notes des camarades, mais aussi des frères et sœurs, prennent sens. C'est le moment où un enfant précoce peut osciller entre un sentiment de fierté, mais aussi d'incompétence dans certains domaines – écriture pour certains, gymnastique pour d'autres... Alors que l'enfant normal se « normalise », l'enfant précoce tout au long de son parcours découvre des raisons pour renforcer son sentiment de singularité, que ce soit dans ses réactions à l'égard de ses enseignants et de ses camarades, ou dans sa difficulté à ressembler aux véritables amis espérés. Les gratifications attendues par les autres ne sont pas les mêmes. Ainsi, Johan dans la cour de récréation jouait avec la machine à calculer gagnée au concours Kangourou de mathématiques, quand les autres couraient après un ballon...

□ Au collège et au lycée

À la puberté, l'enfant vit de grands bouleversements biologiques et de grands changements dans ses modes de pensée. C'est un temps très important pour l'apprentissage émotionnel et l'apprentissage social. Le passage de l'enfance à l'adolescence représente un challenge, marqué par une baisse sensible de la confiance en soi, en même temps qu'une nette augmentation de la conscience de soi. L'autoestime subit des variations en dents de scie, que corrigent la capacité à se faire des amis et le sentiment d'appartenir à un groupe. À l'adolescence, l'enfant précoce est bien souvent en contact avec des jeunes plus grands que lui en raison de l'avance prise lors de sauts de classe. À nouveau en décalage, il est le « bébé » de « grands » qui intellectuellement lui paraissent très immatures. Cela ne l'aide guère à renforcer sa confiance en lui. L'adolescence, qui est toujours une période de doutes et de remises en question, peut être, du point de vue affectif, une période particulièrement intense pour l'enfant précoce qui se sent alors profondément esseulé. Certains opteront pour une hypermaturité de surface. D'autres chercheront à se fondre dans la masse, avec un grand sentiment de solitude et l'impression que le monde est indifférent à leur souffrance. Chez tous, l'envie d'avoir des amis avec qui discuter de sujets existentiels est forte et reste trop souvent insatisfaite.

Ces étapes, tous les enfants les traversent. Mais l'enfant précoce les vit avec une intensité bien plus marquée. La perception d'une différence, qu'il ne pourra comprendre positivement que si sa précocité a été identifiée, complique la tâche car elle peut contribuer à l'isoler davantage à chaque nouvelle étape du développement. Parlant tôt et bien, préférant la compagnie des adultes ou des plus grands, son expérience sera souvent celle d'être perpétuellement hors-jeu, à moins qu'il n'ait la chance de croiser un autre enfant précoce, ou des adultes qui le comprennent.

Pour l'aider à mieux comprendre et mieux gérer ses émotions, utilisez un atout spécifique aux enfants doués : leur vocabulaire et leurs capacités d'expression. Incitez donc le vôtre à mettre des mots sur ses sensations. Cette première étape, vous la franchirez facilement. Mais percevoir les liens entre pensées, émotions et actions requerra davantage de temps et une grande disponibilité des deux parents. Attention ! Ce travail ne saurait être entrepris hâtivement, dans la voiture ou pendant que le petit frère pleure, ou alors que l'aîné écoute sa musique préférée. Vous devrez fixer un véritable calendrier pour cet apprentissage, aux heures de la journée où vous serez tous véritablement disponibles. Alors, votre enfant apprendra efficacement, dans la douceur et le partage, à contrôler son impulsivité.

Pour ce faire, les six étapes suivantes constituent une base de réflexion que vous pourrez observer avec lui dans ses débuts :

1. marquer une pause pour réfléchir avant d'agir ;
2. formuler le problème et ce que l'on ressent ;
3. se fixer un objectif ;
4. imaginer plusieurs solutions ;

5. envisager les différentes conséquences possibles ;
6. agir, tenter ce qui nous semble être la meilleure solution.

Bien sûr, de nombreuses tentatives seront nécessaires avant de franchir avec succès l'intégralité de ce parcours. Mais une fois libéré de son impulsivité naturelle, votre enfant découvrira un nouveau confort dans son rapport avec le monde et les autres.

Les particularités liées à la précocité

□ Développer le sens de l'effort chez son enfant

Chez l'enfant précoce comme chez les autres, la notion d'effort provoque des réactions différentes selon les individus et selon les tranches d'âge. Peu habitué à en fournir parce qu'il trouve toujours rapidement les réponses, votre enfant peut avoir la tentation de renoncer dès qu'il craint l'échec ou qu'il ne connaît pas la réponse. Il ne s'agit pas de paresse, mais de la peur de décevoir et d'être démasqué dans ce qu'il estime souvent être une imposture. Quoi qu'il en soit, l'attitude envers l'effort évolue chez les enfants, précoces ou pas, tout au long de leur croissance :

- jusqu'à six ans, il croit qu'il peut tout faire pour peu qu'il essaye ;
- de six à dix ans, il prend conscience que tenter n'est pas réussir, il fait l'apprentissage de l'échec et de l'inégalité des talents. D'autres peuvent obtenir un résultat là où, à travail égal, lui-même a échoué ;
- de dix à douze ans, il continue bon an mal an à croire dans les vertus du travail sans se décourager ;
- après treize ans, un pessimisme peut assombrir ses perspectives de réussite. Certains abandonnent totale-

ment l'école. Cette période se révèle particulièrement difficile pour l'enfant précoce, habitué à réussir sans fournir d'efforts. Nombreux sont ceux, parmi eux, qui se retrouvent à cet âge en situation d'échec scolaire, par manque de bases et de travail.

Quoi qu'il en soit, gardez toujours ce cycle en tête pour adapter vos conseils, et restez attentif dès les premières années d'apprentissage de votre enfant. Plus que les résultats en général, encouragez et félicitez l'effort pour les obtenir. Intervenez dans l'organisation de son travail. Conseillez-le sur une méthode qui béquillera son effort et lui permettra de mieux gérer le stress de l'échec. Expliquez-lui que l'échec est, lui aussi, formateur. Apprenez-lui, avec douceur, à le dédramatiser et à en diagnostiquer les causes. Soulignez fortement sa capacité de persévérance et d'effort dans les domaines qui lui tiennent à cœur.

Nous l'avons vu, les enfants précoces manifestent une lucidité que certains jugent impitoyable. En un coup d'œil, ils décèlent les défauts des individus et des systèmes. En deux mots, ils les révèlent. Leur perception du négatif conduit l'entourage à les juger pessimistes, mais ce pessimisme est en fait l'expression d'une pensée réaliste.

Dès lors, quand il exprime ses vues sur le monde, insistez sur la différence qui existe entre « tout est beau dans le meilleur des mondes » et une formulation positive sur une situation dont il perçoit les limites. Poussez-le à aller au bout de sa pensée, à dire ce qui l'étonne, l'amuse, l'indigne ! Expliquez-lui que l'optimisme ne consiste pas à n'aimer que ce qui est parfait, mais tout ce qui peut évoluer dans le bon sens et s'améliorer, et à vouloir changer ce qui ne va pas. Vous-même, surveillez vos critiques, surtout celles qui le concernent. Soyez précis. Intervenez sur l'action ou le propos qui vous semblent inappropriés, sans vous engager dans un réquisitoire général. Évitez donc les « toi, tu toujours » ou les

« toi, tu jamais ». Ne dramatisez pas ses erreurs en le culpabilisant outre mesure ou en lui prédisant le pire. Une mauvaise action ne fait pas de l'enfant une mauvaise personne : on peut faire une faute et être meilleur à l'avenir. Enfin, n'oubliez pas que vous êtes un modèle pour votre enfant! Pour lui, vos critiques, vos réserves comptent double. Une remarque maladroite a le pouvoir de le blesser durablement.

□ Motiver son enfant

Comment le motiver? Voilà bien la question que me posent le plus fréquemment les parents d'enfants précoces, surtout quand ceux-ci sont adolescents. C'est sans doute la question la plus paradoxale qui soit : la motivation ne peut venir que d'un processus interne, né de la perception du sens – ou du non-sens – de ses actions à ses propres yeux. En général, je réponds à cette question par une autre question : êtes-vous certain que votre enfant est démotivé dans tout ce qu'il fait, ou refuse-t-il de faire ce que vous voulez qu'il fasse ?

Motiver un enfant est une éducation qui doit commencer très tôt, et ne peut s'inventer à l'âge où l'enfant entre en crise d'adolescence ou bien se rebelle. Présentez-lui l'idée, la tâche ou le but dans des termes qui établissent un lien avec le besoin, le caractère et les idées de votre enfant, en tenant compte de son vécu. Vous devez, dès son plus jeune âge, lui donner l'occasion de définir ses propres objectifs. Laissez la place au désir et ne désirez pas pour eux. Vous désirez pour eux de brillantes études : ils consentiront à cet objectif dans la mesure où ils en auront compris la nature et l'utilité. Sachez que dans la majorité des cas qui se présentent dans mon cabinet, les enfants précoces démotivés ont, en général, un emploi du temps surchargé et rempli de longue date par des parents directifs. Quelle meilleure résistance leur opposer que la passivité ? Pour autant, comme pour le reste, il convient que vous établissiez un bon diagnostic : la léthargie de votre enfant ne résulte-t-elle pas du désir d'être comme les autres, d'intégrer un groupe d'ados en se faisant accepter par lui ? Peut-elle avoir des causes organiques, des problèmes familiaux ou affectifs qui drainent l'énergie affective ?

Rappelez-lui les moments où il était motivé et demandez-lui de vous dire ce qui le dégoûte ou le décourage depuis. Interrogez-vous sur sa situation scolaire, amoureuse... Enfin, ne perdez jamais patience ! S'il vous sent hostile, il radicalisera son attitude ! Au contraire, cherchez ce qui le passionne, ou ce qui est susceptible de le passionner, ainsi que les ponts que vous pourrez établir entre lui et le monde : utilisez ses forces pour travailler avec lui.

□ Encourager l'empathie chez son enfant

L'empathie est extrêmement importante pour aider l'enfant précoce à s'épanouir. Qu'est-ce que l'empathie ? C'est l'aptitude à percevoir ce que les autres ressentent sans qu'ils aient à l'exprimer. L'empathie, c'est lire les émotions des autres et être capable de répondre à leurs préoccupations et à leurs sentiments, c'est être capable d'adopter leurs perspectives. Elle peut être comparée à un détecteur social. L'enfant précoce a une capacité d'empathie renforcée. Son sens acéré de l'observation contribue à le mettre en résonance avec les autres : il ressent leurs joies, leurs peines, leurs préoccupations et leurs espoirs. Souvent, il éprouve de la détresse quand il se sent impuissant à les aider. Cette qualité se manifeste clairement dans le jeune âge. Moins égocentrique, l'enfant est alors beaucoup plus sensible aux besoins et aux sentiments des autres, et l'enfant précoce encore plus que les enfants dans la norme.

Pourquoi l'empathie est-elle si importante dans le cas d'un enfant précoce ? C'est qu'elle fonde son sens moral. Ressentir de l'empathie pour la victime potentielle, se représenter sa douleur, le danger dans lequel elle se trouve, sa frustration, sa peine, donne à votre enfant l'envie d'aider l'autre, de voler à son secours. Elle permet aussi de brider la violence que certains comportements extérieurs pourraient susciter chez l'enfant précoce. Par exemple, on ne se bat pas avec un camarade dont on devine que l'agressivité naît d'une souffrance aiguë. Votre rôle est essentiel dans le développement de l'empathie chez votre enfant, précoce ou pas. D'autant plus que cette qualité est déterminante dans l'épanouissement de l'intelligence relationnelle, comme nous le verrons dans le chapitre suivant. Comment l'encourager ? Là encore, votre attitude est fondamentale, dès les premières heures de vie de votre enfant : votre réponse aux émotions du bébé, du tout-petit, lui sera une première école. L'harmonie établie, la fluidité de la communication non verbale constitueront le terreau dans lequel s'épanouiront les capacités d'empathie. En revanche, le mutisme du parent, son indifférence aux signaux de bébé, provoquera l'atrophie de toute expression et l'incapacité d'identifier chez les autres toute une gamme subtile d'émotions. Lorsqu'un enfant précoce a besoin que l'on encourage cette aptitude d'empathie chez lui, c'est qu'il est, généralement, en souffrance. Ces enfants ont connu certaines carences affectives dans leur petite enfance, ou bien ils ont été maltraités. Alors, incapables d'interpréter les signaux donnés par les autres, ils les traitent comme ils ont été traités, par l'indifférence.

Répétons-le, il est essentiel que vous encouragiez l'empathie de votre enfant. Pour ce faire, soulignez les actes généreux et les exemples d'altruisme autour de vous, et manifestez, par l'action, votre propre aptitude à être altruiste.

□ Aider son enfant à développer une image positive de lui-même

Vivre en harmonie avec soi-même est sans doute l'une des clés du bonheur. Si l'image de soi est perturbée, il y a souffrance. Une souffrance profonde, qui perturbe tous les êtres, mais plus particulièrement les enfants précoces, qui sont perçus comme différents hors de leur famille, et se savent différents. Leur singularité, ils finissent par la percevoir comme le châtiment d'une faute imprescriptible : celle de n'être pas aimables.

Pour aider la mise en place d'une bonne appréciation de lui-même, les parents sont parfois tentés de complimenter leur enfant à tout bout de champ. Or cette attitude ne lui sera pas bénéfique : avec la logique qui le caractérise, l'enfant doué ne comprendra pas que vous l'applaudissiez tout le temps, quand il le mérite et quand il ne le mérite pas. À ses yeux, un compliment injustifié dévalorise tous les autres. De plus, vous le privez de la possibilité d'évaluer ses aptitudes de façon réaliste, et le jour où il se trouvera réellement en compétition, il risque d'être déçu et fortement déstabilisé, notamment dans la confiance qu'il vous accorde spontanément. Veillez aussi à ne pas le surprotéger. C'est dans l'épreuve, dans l'action, que l'enfant découvre ses forces et ses faiblesses, et déploie sa capacité à se prendre en charge. Un peu de stress est positif : il appartient, comme la joie, l'échec et la réussite, à l'apprentissage de la vie et à la découverte de soi. Prémunir l'enfant contre toute contrariété, au prétexte de lui éviter de se dévaluer à ses propres yeux, c'est le rendre très vulnérable lorsque des problèmes plus sérieux surgiront dans sa vie.

En conclusion, votre enfant a besoin de votre regard, de vos conseils et de votre exemple pour avancer sur le chemin de la vie, dans ses différents apprentissages. Vous vous sentirez parfois dépassés par ses attentes et la complexité de son caractère si paradoxal et si singulier. Mais avec beaucoup d'attention et de vigilance, beaucoup d'écoute, avec la volonté de maintenir le dialogue, vous parviendrez à développer chez lui cette intelligence émotionnelle qui lui permettra d'évoluer harmonieusement dans la vie, quels que soient le milieu ou les problèmes rencontrés, et de pallier les défauts de ses qualités, ceux-là mêmes qui, mal corrigés, précipitent l'enfant appelé à la plus belle réussite dans l'échec le plus douloureux et le plus incompréhensible.

4

Développer son intelligence relationnelle

Préparer son enfant précoce à réussir, c'est aussi l'aider à construire des relations avec ses contemporains, ses frères et sœurs, ses enseignants, ses parents. C'est l'aider à développer ce que l'on appelle l'intelligence relationnelle, ou intelligence sociale, cette intelligence qui nous permet de gérer positivement nos relations avec les autres et d'obtenir des réponses positives de ceux-ci. Dans le cas de la précocité, cette éducation s'avère primordiale. Toutes les qualités ont leur revers : celui de la précocité, dans la majorité des cas, consiste en une « insociabilité », ou du moins des difficultés à vivre en communauté et à s'intégrer, qu'il s'agisse de la famille, de l'école ou de réseaux plus larges. Non que l'enfant précoce soit hostile, agressif ou désagréable de nature. Mais il est souvent impatient, il ne comprend pas la lenteur d'esprit. Il recherche les solutions rapides et complexes, il désire des amitiés entières et satisfaisantes. Il a tendance à agir avec une certaine impulsivité et peut parfois se montrer intolérant. Son manque de patience lorsqu'une réponse claire se fait attendre, lorsque les options sont multiples et que les décisions sont difficiles l'incite à « foncer ». Sa colère et sa frustration sont grandes, bien sûr, lorsque la solution hâtive échoue, et cela d'autant plus que ses pairs peuvent prendre du plaisir à le souligner. Certains, pour compenser ce décalage, deviennent autoritaires avec leurs camarades ou leurs frères et sœurs. Ils veulent organiser les jeux, expliquer les règles, décider pour le groupe, de telle façon qu'ils finissent par être redoutés, évités, voire exclus des activités communes. À l'adolescence, le désir d'être « populaire » peut devenir leur grande préoccupation : comme la petite sirène renonce à la beauté de sa voix, qui pourtant fait son charme, pour séduire son prince, ils renoncent à tout signe extérieur d'intelligence, qu'ils envisagent comme une tare. Les voilà qui adoptent les codes du groupe dans lequel ils veulent être admis. Et gare si ce groupe vous déplaît ! Cette recherche de soi est fréquente à l'adolescence. Elle n'épargne pas les enfants précoces qui risquent de se montrer beaucoup plus radicaux que leurs modèles... En outre, trop d'enfants précoces, pourtant sensibles à la souffrance de l'autre, peuvent, dans leur enthousiasme, s'enflammer, demander, prendre et couper la parole, foncer sans accorder d'attention à leur entourage, ni s'interroger sur l'opportunité, pour leur interlocuteur, de les entendre ou de leur répondre. Or lire les émotions de l'autre, comprendre la subtilité des relations, la hiérarchie au sein du groupe s'apprend. De même, s'il est important de percevoir les sentiments de son proche et de s'intéresser à ce qui compte pour lui, il faut aussi apprendre à écouter afin que les aptitudes intellectuelles soient nourries et qu'elles se développent harmonieusement. En effet, l'enfant précoce devient toujours plus efficace quand il a appris à écouter, à négocier et à résoudre les conflits.

Chaque fois que vous devrez intervenir auprès de votre enfant – que ce soit face à son désir de se faire faire un piercing, ou à celui de porter des vêtements extravagants le jour d'un examen –, vous devrez aborder la question plus large de l'intelligence sociale et lui faire entendre qu'elle consiste à prendre l'autre en compte, ce qu'il est et ce qu'il pense, sans pour autant se perdre soi-même ou renoncer à ses propres valeurs. Vous devrez lui faire comprendre qu'aucun être humain n'est capable de vivre seul sur une île déserte, et que tel n'est pas l'objectif d'une éducation. Vous aurez à lui faire admettre qu'un atout – un esprit brillant, une pensée véloce – peut devenir une faiblesse s'il est mal présenté, et mal perçu. Ce handicap n'est pas une fatalité ! Certains enfants précoces se révèlent très doués dans le domaine de l'intelligence sociale car ils ont vécu dans une famille attentive sur ce point, une famille qui a mis des mots sur l'importance de l'entente harmonieuse avec l'autre, sans nier tout conflit ou toute colère ressentie.

Qu'est-ce que l'intelligence relationnelle ?

Aujourd'hui, de nombreux sociologues étudient cet art de « vivre ensemble », de se faire accepter et d'accepter l'autre. Cet intérêt découle d'une constatation simple : contrairement à certaines idées reçues, les individus les plus à l'aise dans leur vie personnelle et professionnelle ne sont pas systématiquement ceux dotés d'un QI supérieur à la moyenne, mais ceux qui construisent de bonnes relations avec les autres tout en sachant s'affirmer. « Ni hérissons, ni paillassons », ils réalisent leurs objectifs sans broyer leur entourage ni le manipuler. Y aurait-il donc, dans cette « bonne intelligence » qui caractérise la vie harmonieuse en groupe, une intelligence particulière, sociale ?

L'idée d'une « intelligence relationnelle » n'est pas neuve. Dans les années 1920, elle avait déjà intéressé le psychologue Edward Thorndike. Elle n'avait pas connu le succès qu'elle a aujourd'hui parce que alors le monde de la psychologie et de la sociologie était polarisé sur le concept de quotient intellectuel. À cette époque, peu de chercheurs s'intéressaient à autre chose qu'à l'« efficacité objective » des rapports humains. Encore plus rares étaient ceux qui posaient de subtils distinguos entre une relation amicale et une relation courtoise mais intéressée, tant qu'elles aboutissaient au même résultat. Thorndike s'est penché sur ce qu'il a appelé la « cognition sociale », soit l'étude de la façon dont chaque individu traite les informations que les autres lui adressent, comment à partir de ces éléments il établit et répète des codes, des gestuelles, comment il stocke ces informations et les interprète pour les appliquer dans chaque situation de sa vie en société.

Parallèlement à la cognition sociale, les années 1960 et 1970 ont vu émerger un courant de recherches consacrées aux fondements biologiques, puis neurobiologiques, des comportements humains. Cette science nouvelle a gagné ses lettres de noblesse sous le nom de « psychologie cognitive » et constitue aujourd'hui une base théorique sur laquelle s'appuient les travaux en cognition sociale. Je n'entrerai pas dans le détail de ses concepts particuliers, telle la théorie des schémas sociaux qui décrit comment les concepts relatifs au monde qui nous entoure sont représentés dans notre cerveau, selon quelles catégories ils sont classés, comment ils interviennent dans nos contacts avec nos prochains (par exemple, présenter un individu comme un artiste ou un professeur active des schémas d'associations avec la bohème pour le premier, avec la sagesse ou l'autorité pour le second).

L'intérêt pour cette science s'est accru lorsque l'on a découvert qu'il existait une corrélation entre l'anatomie du cerveau et notre comportement en société. Cette découverte a été révélée par le cas Phineas Gage. En 1848, à la suite d'un grave accident de dynamitage ayant détruit une partie de ses lobes frontaux, cet employé des chemins de fer du Vermont, qui survécut miraculeusement, manifesta un brutal changement de personnalité. Du moins réagissait-il de façon anormale, inhabituelle, aux situations les plus classiques de sa vie. Près d'un siècle et demi plus tard, son dossier médical fut réexaminé à la lumière des progrès de l'imagerie neurologique, technique permettant d'observer le fonctionnement du cerveau et de mesurer l'activité de certaines de ses parties en fonction de stimuli particuliers. Les découvertes issues de l'étude du cas Phineas Gage ont bouleversé les neurosciences et les recherches s'appuyant sur l'imagerie se sont multipliées. Ainsi, certains résultats suggèrent que les relations harmonieuses – entre conjoints, entre enseignants et élèves, entre soignés et soignants – mettraient tous les « chronomètres neuronaux » des protagonistes en phase, ce qui aurait pour conséquence un meilleur métabolisme, un bien-être accru, bref, un bonheur supérieur. Par la suite, les chercheurs en neurosciences ont trouvé un certain nombre d'autres principes régissant l'intelligence sociale. Comme l'intelligence émotionnelle, elle eut, elle aussi, son échelle de mesure. Ces découvertes ont légitimé la création d'un nouveau courant de la psychologie, dite « positive », représenté notamment par le cancérologue suédois Stefan Einhorn, auteur de *L'Art d'être bon*[1], le psychologue israélien Tal Ben-Shahar, auteur de *L'Apprentissage du bonheur*[2], ou encore le psychologue américain Robert Emmons, auteur de *Merci !*[3], une étude inédite sur la reconnaissance et le remerciement.

En 2008, un homme d'affaires, Karl Albrecht, inspiré par leurs découvertes, a rédigé une sorte de charte de l'intelligence sociale intitulée *L'Intelligence sociale. Le nouvel art des relations humaines*[4], qui dégageait cinq piliers :

1. EINHORN S., *L'Art d'être bon*, trad. par Christine Lefranc, Paris, Belfond, 2008.
2. BEN-SAHAR T., *L'Apprentissage du bonheur*, trad. par Hélène Collon, Paris, Belfond, 2008.
3. EMMONS R., *Merci ! Quand la gratitude change nos vies*, trad. par Sylvie Carteron, Paris, Belfond, 2008.
4. ALBRECHT K., *L'Intelligence sociale. Le nouvel art des relations humaines*, Paris, Éd. de l'Homme, 2008.

1. conscience de la situation ;
2. présence ;
3. authenticité ;
4. clarté ;
5. empathie.

Quelques années après le formidable succès de son *Intelligence émotionnelle*, Daniel Goleman proposait à son tour de mettre à jour les mécanismes de l'intelligence relationnelle, qu'il définissait autour de deux axes : d'abord, une bonne perception et compréhension des enjeux sociaux, ensuite, une bonne aisance relationnelle fondée sur l'art de se présenter, l'art d'influencer, la facilité à être dans le mouvement et l'empathie. Goleman soulignait qu'un grand nombre d'individus consultent des psychothérapeutes pour tenter de résoudre leurs relations conflictuelles avec leur entourage, et qu'une vie réussie ne se conçoit pas sans l'établissement de relations humaines riches et intenses, à chaque âge de la vie, et sans altruisme. Alors, écrit-il, notre cerveau « s'arrime intimement » à celui de l'autre et les deux « s'engagent dans un tango émotionnel, une danse des sentiments ».

L'intelligence relationnelle et la précocité : trouver sa place parmi ses pairs

Il en est de même pour les enfants précoces. Leurs échecs, leurs difficultés réelles, notamment à l'école, et dont vingt ans de pratique comme clinicienne m'ont faite le témoin, ne sauraient être évités par un simple accompagnement pédagogique, comme on le laisse parfois entendre. L'école, certes, peut venir vers l'enfant précoce, en tenant compte de ses besoins et de sa différence, mais l'enfant ou l'adolescent, pour se donner toutes les chances, doit aussi aller vers l'école, comme il doit apprendre à aller vers le monde. Cette éducation appartient au parent seul. Toutes les études sociologiques l'ont prouvé : le succès scolaire dépend moins d'un QI élevé que des caractéristiques émotionnelles formées dans les années précédant l'entrée à l'école. Se faire confiance, être motivé, savoir ce qui est attendu de soi, savoir attendre, suivre des directives, savoir entretenir une relation positive avec l'enseignant, lui demander de l'aide et savoir exprimer ses besoins à ses camarades ainsi que négocier avec eux sont des comportements fondamentaux pour assurer une bonne intégration scolaire. Ceux qui échouent ont négligé une ou plusieurs de ces qualités. Cette éducation préalable est donc essentielle pour que l'apprentissage se déroule sans heurts et sans souffrance. Car c'est aussi dans les premières années de son accueil en milieu scolaire que votre enfant construira, à son tour, des mécanismes de défense qui le caparaçonneront toute sa vie durant.

Beaucoup de parents m'objectent qu'ils sont impuissants dans ce rôle, parce que leur présence, dans la vie quotidienne, est beaucoup plus limitée qu'autrefois. Dans la plupart des familles, les deux parents travaillent et rentrent tard dans la soirée. Ils sont dans l'obligation d'avoir recours à des collectivités ou à des personnes extérieures à la famille pour garder leur enfant. C'est un fait : parce que vous êtes l'autorité et le modèle, vos propos portent plus que tout autre, et les week-ends, les trajets, les vacances suffisent à établir les bases d'une bonne éducation sociale, qui inclut votre vigilance sur son comportement à l'intérieur du cercle familial, comme la surveillance de ses fréquentations et de ses activités quand il est seul à la maison ou confié à une surveillance étrangère.

Offrir toutes ses chances à son enfant précoce, c'est avant tout l'aider à construire des relations avec ses contemporains, ses frères et sœurs, ses enseignants, et avec vous-même. Cette éducation sous-entend que vous développiez, dans le même temps, son intelligence émotionnelle puisque la relation à autrui induit des capacités d'empathie, de compréhension des sentiments et des intentions des autres, d'offrir son attention, son écoute, son savoir, et de comprendre sur quelles règles fonctionne la société dans laquelle on vit. Sociabiliser, c'est aussi développer sa capacité à s'exprimer avec élégance, à se présenter efficacement, à se mouvoir avec aisance et discrétion, à tenir compte des besoins des autres et à savoir négocier.

Or nombreux sont les enfants précoces qui se plaignent de n'avoir pas d'amis et restent seuls en récréation. Certains rentrent tristes le soir et ne veulent plus aller en classe, d'autres décrètent se passer très bien de camarades et jouent seuls. Confrontés au désarroi de leur enfant, beaucoup de parents prennent le parti de l'ignorer, pariant que dans un avenir proche les choses s'amélioreront. D'autres surréagissent, demandent des rendez-vous aux enseignants et reportent la faute sur le système scolaire ou sur les camarades. Ces deux réactions sont à éviter et contrarient plus qu'elles ne l'aident la résolution de ce problème qu'il faut prendre au sérieux : la solitude de votre enfant révèle des difficultés d'adaptation qui perdureront jusque dans sa vie professionnelle. En effet, savoir se créer un réseau de relations et d'amis est fondamental pendant les années scolaires, et plus encore à l'âge adulte. Ce réseau révèle le degré d'intégration d'un individu, la reconnaissance que son entourage lui concède. Il est une marque au moins de réussite professionnelle, au mieux de réussite d'une vie.

□ Aider son enfant à bien s'intégrer

Que puis-je faire pour que mon enfant se sente moins seul à l'école ? Quels conseils lui prodiguer pour qu'il supporte les moqueries dont il est l'objet ? – car l'école est ainsi faite que le solitaire y devient rapidement un bouc émissaire. Et encore : Comment aider un enfant hypersensible à gérer ses déceptions, existe-t-il une stratégie pour cela ? Quelles attitudes les parents peuvent-ils adopter pour aplanir les tensions du petit surdoué avec ses frères et sœurs à la maison, avec ses professeurs à l'école ? Il n'existe, hélas, aucune recette miracle pour résoudre toutes les difficultés que connaît l'enfant précoce en famille ou en milieu scolaire ; en tout cas, rien qui ne puisse modifier le cours des choses dans la minute. Il faut être patient, à la mesure de sa souffrance que vous ne devez pas négliger, tout en montrant à votre enfant précoce combien son malaise vous préoccupe. Et assurez-le de tout votre soutien. C'est à cette condition de confiance qu'il ouvrira son cœur et pourra écouter les conseils que vous lui prodiguerez pour, progressivement, apprendre à être à l'aise avec les autres.

Je pense souvent à Gaspard, débarqué dans mon cabinet dans la plus grande urgence. Depuis quelques jours, m'avait annoncé sa mère au téléphone, il refusait d'aller à l'école. Le premier matin de ce refus, il avait prétexté des maux de ventre. Ces douleurs avaient perduré toute la semaine sans que le médecin diagnostique une maladie. Gaspard était retourné à l'école, puis avait rechuté trois jours plus tard. En classe de cinquième dans un collège qu'il connaissait bien, il ne s'était jamais fait d'amis. À l'heure de la cantine, il se réfugiait au CDI (centre de documentation et d'information) pour s'adonner à son passe-temps favori : la lecture. Cette cachette n'avait pas suffi à le soustraire à l'attention de ses petits camarades, forts en bras, et qui détestaient ce fort en thèmes souffreteux. Les railleries avaient commencé, puis les bousculades et les crocs-en-jambe dans l'escalier, dans une escalade qui avait trouvé son paroxysme dans les toilettes de la cantine où la bande l'avait retenu et avait tout fait pour l'intimider. Gaspard avait toujours tu à ses parents son rôle de bouc émissaire au collège. Il jugeait absurde, irrationnelle, l'attitude de ses condisciples qui le laissait démuni.

La première consultation eut, sur Gaspard, l'effet d'un baume. D'un côté, en mettant à plat tous les éléments devant parents et enfant, la situation put être dédramatisée, en même temps que les parents prirent conscience de la gravité des événements. Ils écoutèrent leur fils, ses craintes et sa souffrance, et consentirent à son refus net et définitif de retourner au collège dans des conditions que plus rien ne pouvait améliorer. Gaspard prit la mesure de l'amour que lui portaient ses parents et comprit qu'ils ne seraient pas exaspérés d'avoir à gérer les conséquences de sa différence et de sa précocité. Il cessa de culpabiliser. Au cours des consultations suivantes, une double stratégie fut adoptée : Gaspard changerait d'établissement scolaire et finirait l'année chez lui, avec l'accord de son collège et la validation de ses travaux à la maison. Dans le même temps, il acceptait un soutien psychologique visant à consolider sa propre estime et à acquérir une plus grande aisance dans ses relations avec les autres. Une activité sportive, quelques cours particuliers entretinrent sa vie sociale jusqu'à son entrée, l'année suivante, dans un grand lycée parisien où il trouva sa place.

□ Lui apprendre à se faire des amis, et à les garder

Mon premier soin est de rassurer les parents. Cette solitude affective est un point commun à presque tous les enfants précoces. Ils se sentent – et sont – dès les premiers jours de la rentrée mis de côté en classe, à la cantine, dans la cour de récréation. Cette marginalisation n'est pas le fait exclusif du groupe : l'enfant doué se sent différent. Il est attiré par d'autres jeux, par d'autres centres d'intérêt. Son élocution fluide et son riche vocabulaire accroissent cette distance. Le rythme des autres l'impatiente. Non qu'il se sente toujours supérieur, mais il comprend au quart de tour et veut passer à la proposition suivante. Sa vélocité perturbe le cours de la classe et très souvent agace l'enseignant qu'il n'hésite pas à couper, à presser, à relancer. En même temps, il rêve de jouer avec ses camarades et d'être comme les autres, mais personne ne lui a appris comment gérer avec finesse sa différence. À l'option idéale d'apprendre à négocier avec eux, il opte pour des choix qui se retournent contre lui. Dès lors, il se met d'emblée hors-jeu. Il s'isole et devient tyrannique, ou bien il dissimule ses talents pour s'intégrer, jusqu'à prendre ses qualités en grippe. S'il vous parle de cette difficulté relationnelle – et il est rare qu'il le fasse spontanément car il s'en sent coupable la plupart du temps et craint, en l'avouant, de perdre votre estime –, ne levez pas les bras en lui expliquant que c'est une fatalité contre laquelle ni vous ni lui ne pouvez rien faire. Vous pouvez l'aider !

- Tout d'abord, parlez-en avec lui. Demandez-lui qui sont ses amis en classe, pourquoi il n'invite personne à la maison. S'il vous avoue qu'il n'a pas d'amis, demandez-lui pourquoi, d'après lui, il ne trouve personne pour partager des moments d'amitié. Pourquoi, d'après lui, est-il rejeté ? S'est-il déjà entendu avec quelqu'un de son âge ? Qu'a-t-il fait, de son côté, pour être accepté ? Et que pourrait-il faire, selon lui, pour que les autres l'acceptent ? Si, enfant, vous avez rencontré les mêmes difficultés, exposez-les-lui, partagez-les avec lui.
- S'il est jeune, lisez-lui des histoires sur l'amitié. S'il sait lire, proposez-lui des collections sur ce sujet, comme « Le Club des cinq ». S'il est plus grand ou adolescent, discutez avec lui des qualités requises pour être un bon

ami. Exposez votre point de vue avec sincérité et simplicité.

- Soyez attentif aux signes précurseurs d'une mauvaise intégration : sa difficulté à coopérer, à attendre son tour, à laisser aux autres leurs moments d'expression, ou de gloire. Proposez-lui des jeux de rôle où il peut s'entraîner à l'échange.
- Soulignez ce que votre enfant précoce a de commun avec les autres, car il se sent peut-être beaucoup plus différent qu'il ne l'est en réalité. Aidez-le à trouver un équilibre, évitez de vous focaliser sur ses aptitudes et soulignez des traits de caractère qui l'aideront à aller vers les autres : bonté, empathie, humour…
- Cherchez comment votre enfant peut rencontrer d'autres enfants qui partagent ses intérêts. Oubliez ce qui peut vous paraître à vous comme le sport idéal, le bon instrument de musique ! Choisissez ses activités en tenant compte de ses goûts. Les enfants qu'il rencontrera auront cette passion en commun avec lui. Aidez-le à rencontrer d'autres enfants précoces sans l'enfermer pour autant dans une tour d'ivoire ! Cherchez parmi vos amis, vos relations. Choisissez des ateliers artistiques ou scientifiques destinés plus spécifiquement à votre enfant précoce.
- Enfin, élargissez les possibilités de rencontres avec des jeunes d'âges différents : souvenez-vous du goût des surdoués pour la compagnie de leurs aînés.

Un petit coup de pouce ne fait pas de mal quand il s'agit des rencontres, si déterminantes, que la vie propose. N'abandonnez pas cette opportunité au seul hasard, et à la récréation.

□ Gérer les moqueries dont il peut faire l'objet

Autre grande inquiétude, autre grande demande des parents : le protéger des moqueries. L'enfant précoce est très susceptible, hypersensible au ridicule qu'il craint à la mesure de son désir de s'intégrer, de passer inaperçu. Cette peur le conduit souvent à refuser de sauter une classe ou d'intégrer des programmes conçus pour lui. Demandez-lui en quoi les surnoms – tel que « l'intello » – le heurtent, en quoi il les trouve injustifiés, dégradants ou insultants. Prenez ses confidences au sérieux, sans les minimiser, ni les dramatiser. Demandez-lui qui se moque de lui, s'il est seul, pourquoi cette personne l'ennuie, pourquoi elle éprouve le besoin de railler. Invitez-le à réfléchir sur la possibilité d'un dialogue avec ce condisciple. Posez-lui des questions : « Que se passerait-il si tu lui disais ce que tu ressens ? » ; « Pourquoi certains individus se moquent-ils des autres ? »...

□ Gérer les difficultés relationnelles en classe

C'est un point important qui peut induire la mise à l'écart du groupe et les sévices dans la cour de récréation. La classe est le théâtre où chaque participant, professeur ou élève, va mettre en scène sa personnalité, selon l'espace et le rôle que joueront ceux qui l'entourent. De là, les réactions qui éclateront au grand jour, dans la cour de récréation ou à la cantine quand l'autorité sera absente pour sanctionner un affrontement direct. Votre enfant peut être rabroué dès la classe, ou plus tard. Pour connaître la genèse de sa marginalisation, il convient d'ouvrir un dialogue soutenu dès la rentrée scolaire.

Dès votre retour à la maison, demandez-lui comment s'est passée sa journée. Écoutez attentivement ce qu'il vous dit. Soyez vigilant aux allusions, sur lesquelles il attend peut-être que vous rebondissiez, s'il craint de dévoiler ses défaillances relationnelles. S'il évoque ses problèmes, n'intervenez pas immédiatement pour donner votre avis, ne cherchez pas à minimiser la blessure. Demandez-lui de considérer le point de vue des autres, s'il a le sentiment qu'il a pu, en intervenant trop vite, en rectifiant publiquement une erreur que l'autre pouvait faire, le blesser sans s'en rendre compte. Demandez-lui là encore de se poser les deux questions suivantes : « Que se passerait-il si tu lui disais ce que tu ressens ? » ; « Pourquoi certains individus se moquent-ils des autres en classe : par manque de confiance en eux, par jalousie, parce que c'est amusant ? ». Aidez votre enfant à mettre sa réponse en place. Demandez-lui d'envisager la possibilité que l'incident se reproduise. Que répondrait-il ? Comment réagirait-il ? Selon les cas, il devra envisager de répondre : « Je n'aime pas que tu te moques de moi. Arrête s'il te plaît. » Il se peut aussi que vous soyez obligé de demander à l'enseignant son arbitrage, pour qu'il intervienne directement auprès du perturbateur. Il faut, parfois, rappeler une règle élémentaire : aucun enfant ne doit accepter d'être malmené.

□ Aider son enfant dans ses relations avec ses frères et sœurs

Souvent les parents avouent, à leur grande tristesse, que la relation entre leur petit surdoué et sa fratrie peut être particulièrement difficile et source de frustrations. Cela ne représente pas la majorité des cas. Nombreux sont les parents qui soulignent que la présence d'un petit futé dans la famille huile les rouages. Précoce ou pas, chaque enfant cherche sa place dans sa famille. Il observe les autres, leurs succès, leurs échecs. Chacun tient son rôle. Le clown, l'esprit pratique, le rêveur, le puits de sciences. Il arrive que jalousies et rivalités provoquent une compétition féroce pour gagner le cœur de maman ou attirer l'attention de papa, surtout si une certaine rivalité œdipienne n'a pas été dépassée.

Dans ce subtil rapport de forces, les enfants précoces ont l'art d'attirer l'attention sur eux, de formuler avec finesse leurs demandes, de se comporter en adultes. Ils savent être très persuasifs. Ils ont l'art d'accaparer leurs parents au point qu'il ne reste plus de temps pour les frères et sœurs. Plus grands, ils sont souvent invités à participer aux décisions parentales puisqu'ils se révèlent plus vifs, plus sensés et plus pertinents que les autres. Ainsi, la plupart du temps, sans s'en rendre compte, les parents surinvestissent leur petit génie. Ils signalent aux amis et à la famille ses exploits, sur un ton qui donne à croire que lui seul mérite l'amour, lui seul réalise enfin les rêves parentaux.

Demandez-vous toujours si la précocité de votre enfant n'est pas une souffrance pour ses frères et sœurs. S'il est l'aîné, pensez à faire tester les cadets, même s'ils ne présentent pas les mêmes symptômes de précocité. Il existe de multiples formes d'expression et de nombreux domaines d'aptitude pour la précocité. Je songe toujours, à ce propos, au cas de Sarah, l'aînée d'un petit Christophe, enfant précoce, trésor familial aux yeux de son père. Au cours des entretiens concernant le fils, Sarah, neuf ans, avait été brièvement évoquée, mais sous les tristes traits d'une enfant terne, peu loquace, obtuse. Ses parents l'avaient, de toute évidence, désinvestie de longue date. Le hasard voulut néanmoins que sa mère me propose de la rencontrer et de lui faire passer un test de QI qui serait le prétexte pour moi de lui fournir des conseils susceptibles de l'aider dans ses relations avec les autres. Sarah vint me voir un mercredi de novembre, accompagnée par ses deux parents. Discrète, timide, elle répondait lapidairement à mes questions jusqu'à ce qu'elle commence à y prendre plaisir et se détende tout à fait. Son père respectait ma consigne de ne pas parler de

Christophe. Heureuse d'être d'un seul coup le seul objet d'attention de ses parents, Sarah aborda les épreuves du test avec un sens ludique et une créativité remarquables. Quelle ne fut pas la surprise de ses parents, lorsque je leur révélai que Sarah était la plus précoce de leurs deux enfants ! Un changement dans leur attitude s'opéra immédiatement. Le père regardait sa fille comme s'il la découvrait enfin. La mère, radieuse, se félicitait d'avoir proposé ce test révélateur. Sarah est repartie entre deux parents heureux. Quinze jours plus tard, je reçus une lettre de remerciement du père de Sarah : sa fille avait modifié du tout au tout son attitude dans la vie. Radieuse, elle s'était mise à travailler et récoltait des bonnes notes...

Je ne saurais donc trop le dire : évitez les comparaisons ! Comparer est la meilleure façon de créer ou d'envenimer les jalousies. Évitez, lorsqu'il y a des chamailleries, des disputes, d'intervenir. À moins qu'il n'y ait des violences physiques, restez en retrait : vos enfants en concluront que vous les estimez capables de gérer eux-mêmes la situation. N'oubliez pas que l'essentiel des disputes ont cours en présence des parents, pour attirer leur attention et les obliger à faire un choix. Montrez à chacun de vos enfants qu'il est également aimé, accepté, apprécié et désiré. Privilégiez des tête-à-tête avec chacun de vos enfants. Traitez-le, dans ces moments, comme s'il était votre enfant unique. Demandez à chacun ce qu'il pense des sentiments de l'autre, comment il ressent la situation, ou la ressentirait à la place de son frère ou de sa sœur. Apprenez à votre enfant précoce à formuler clairement ses sentiments.

L'intelligence relationnelle et la précocité : trouver sa place avec les adultes, dans la société

□ Aider son enfant à résoudre ses craintes et ses angoisses

L'angoisse, la pusillanimité résultent dans la plupart des cas d'une grande imagination et d'une grande sensibilité. L'enfant précoce, on l'a dit, a des antennes, ou plutôt des cornes d'escargot réactives au moindre souffle, au plus banal contact. Dans sa petite enfance, beaucoup de ce qu'il perçoit retentit, amplifié dans la chambre noire de son imaginaire. Les êtres, les choses, leurs signes prennent une importance que l'on envisage rarement. Votre enfant ne sait pas encore les mettre en perspective, et il s'en préoccupe à un degré qui paralyse son rapport avec le monde. S'il est témoin d'une situation familiale difficile, qu'il s'agisse d'un divorce, d'un décès dans la famille, de la maladie d'un proche, de la difficulté financière d'un parent, il la ressentira avec une intensité décuplée. L'enfant précoce comprend, devine en quelques secondes, la souffrance des autres ou leurs soucis, mais il n'est pas capable de raisonner ces mal-être. Il les ressent comme une menace, directe s'il se juge responsable, indirecte lorsque tout l'équilibre de l'édifice familial est ébranlé. Il peut aussi se sentir impuissant à agir, et s'en veut de ne pouvoir résoudre le problème. Les mécanismes de défense qu'il met alors en place altèrent profondément sa relation avec le monde extérieur – école, activités extrascolaires, gardes… Au sentiment de danger, il opposera une méfiance profonde, un repli sur soi, voire, dans une forme plus grave, des troubles obsessionnels compulsifs. Ses relations sociales seront durablement altérées. Alors comment l'aider sur ce chapitre ?

- Évitez de donner à votre enfant l'impression que ce qu'il ressent est déraisonnable ou immature. Ne lui répétez pas qu'il n'y a pas lieu de s'inquiéter. Répondez-lui toujours avec compassion, en veillant à le rassurer.
- Montrez-vous intéressé par ses sentiments, sa vision des choses. Rien n'accroît plus l'anxiété d'un enfant que de croire que personne ne le comprend. Pour le rassurer, l'une des trois stratégies suivantes sera efficace :
  - faites preuve d'empathie, avouez qu'enfant, vous avez eu des angoisses semblables, et racontez comment vous les avez dépassées. Montrez qu'avouer ses peurs n'est pas un signe de faiblesse, que vous avez survécu à ces cauchemars et que votre enfant le pourra aussi ;
  - offrez, dans la mesure du possible, un angle de vue différent de la situation et une autre manière de l'analyser et de la décoder. Utilisez, si le problème le permet, l'arme de l'humour pour réduire les angoisses et les dédramatiser ;
  - rappelez-lui, avec tendresse, tous les cauchemars qu'il a déjà traversés, les craintes qu'il a surmontées, les angoisses qu'il a vaincues, et celle-ci, qu'il est déjà en train de dépasser.

□ Aider son enfant à partager ses émotions

En raison des fortes exigences qu'il s'impose, l'enfant précoce refoule parfois ses peurs et ses inquiétudes, mais aussi ses sentiments qui, à ses yeux, le fragilisent. De plus, l'analyse qu'il fait de ses émotions, s'il veut l'exprimer oralement, est toujours en retard sur la rapidité de sa pensée. Si une situation l'émeut violemment, dans un sens positif – un spectacle dont la tristesse l'affecte –, ou dans un sens négatif – une colère née d'un sentiment d'injustice à son encontre –, votre enfant peut être débordé par ses émotions et soit les contraindre, soit les surexprimer, sans que l'entourage saisisse l'origine de sa froideur ou de son débordement. Ce caractère soupe au lait, ou mutique, les parents s'en plaignent souvent lors des consultations. Il est fréquent chez l'enfant précoce, et il ne faut pas attendre que ses manifestations se répètent trop souvent pour agir.

- Proposez-lui, quand vous partagez une activité avec lui, de vous raconter sa façon d'être à l'extérieur, d'exprimer ses sentiments à l'égard de l'école, de ses camarades, de ses enseignants…
- Demandez-lui : « Si tu avais une baguette magique, que voudrais-tu changer dans ta vie ? Quel problème résoudrais-tu ? » Encouragez-le à parler, en jouant le même jeu. Dites-lui, vous aussi, ce que vous aimeriez changer dans votre vie, quel problème vous désireriez résoudre à votre tour.
- Partagez avec votre enfant des moments en tête à tête. Invitez-le à déjeuner, à aller au cinéma ou au théâtre, à faire des courses avec lui, sans frère ni sœur et votre portable éteint.
- Proposez-lui d'écrire son journal, de s'inscrire dans un atelier de théâtre, de danse ou de pratiquer un instrument de musique. Beaucoup d'enfants très renfermés apprécient cet exutoire et subliment leurs souffrances dans une activité artistique.
- À votre tour, imaginez des histoires qui mettent en scène un enfant dans une situation de souffrance similaire à la sienne.
- Conseillez-lui des romans dont les personnages sont confrontés à des situations hostiles. Demandez-lui s'il en a aimé la conclusion, s'il en imaginait une autre.
- Avec les très jeunes, jouez avec des marionnettes ou des peluches de façon qu'ils mettent dans la bouche de

ces personnages ce qu'ils ne savent pas exprimer directement.

- Jouez à des jeux de rôle. Plus un enfant a conscience de sa propre identité, moins il connaît de problèmes émotionnels, et mieux il s'entend avec les autres enfants. Cette ouverture, il la transposera dans sa vie d'adulte et dès lors, connaîtra des relations plus harmonieuses et épanouissantes.

□ Aider son enfant à se fixer des objectifs accessibles

Trop attendre de soi-même mène à l'autodépréciation, trop attendre de l'autre compromet toute harmonie dans la relation. L'exigence personnelle n'est pas toujours le fait du parent ou de l'enseignant. L'enfant précoce est, je dirais presque « naturellement », exigeant avec lui-même. Or lorsque les parents, quand ils m'exposent les difficultés de leur petit doué, évoquent son perfectionnisme, ils sous-entendent par là un point négatif de sa personnalité. Il existe plusieurs formes de perfectionnisme : une forme saine que définit un élan positif incitant la personne à l'effort et lui permettant des productions de très grande qualité, et une autre forme, destructrice, incitant la personne à se fixer des objectifs irréalistes et la condamnant à n'être jamais satisfaite, quoi qu'elle entreprenne. Si, la plupart du temps, les enfants précoces se fixent des objectifs à leur mesure, dès lors, leurs parents peuvent les guider et renforcer positivement cette tendance, de nombreuses exceptions existent. Généralement, elles se manifestent dans un contexte familial précis. Il se peut qu'un des deux parents ou les deux soient eux-mêmes perfectionnistes. Il se peut aussi que la précocité soit mal comprise par les parents qui l'associent à la capacité de tout apprendre sans effort. Ceux-là, grisés par les facilités de leur enfant, lui fixent des objectifs déraisonnables. Désireux d'être aimé et admiré par eux, l'enfant précoce adopte leurs attentes et les fait siennes. On le voit alors, à un moment de sa scolarité, éviter tout risque intellectuel et polariser ses efforts sur les matières dans lesquelles il se sait fort. Il en résulte, chez l'enfant, une perte progressive de confiance en soi et une souffrance.

Je sais combien il peut être difficile, pour un parent, de brider les grandes espérances qu'il a placées dans son enfant précoce. Et, dans ce mouvement d'impatience, de mesurer ses mots. Certaines expressions doivent pourtant être bannies du vocabulaire parental ! Combien de « tu es intelligent, mais tes résultats ne sont pas à la hauteur de ton potentiel », ou « c'est un très bon travail mais... » ! Ces petits « mais » qui infirment instantanément le compliment réduisent la valeur de ce qui a été accompli et éteignent la fierté légitime que votre enfant pouvait éprouver. Quand vous faites un compliment, arrêtez-vous toujours avant le « mais » ! Quand son bulletin vous déçoit, dites plutôt : « Regardons tes notes, où penses-tu pouvoir t'améliorer, et comment puis-je t'aider à atteindre tes objectifs ? »

Évitez aussi, lorsqu'il vous expose ses craintes face à une nouvelle matière, un nouveau problème, une nouvelle activité, de lui répondre que ce sera facile pour quelqu'un d'aussi intelligent que lui. C'est la meilleure façon de le faire douter dès qu'il rencontrera une difficulté. Dites-lui plutôt que l'intelligence n'est jamais une clé magique et universelle, qui dénoue tout, en toutes circonstances.

S'il est enclin à toujours vouloir placer la barre trop haut, aidez-le à concevoir des projets réalistes et acceptez qu'il puisse réaliser des contre-performances, se tromper, échouer. J'entends beaucoup d'enfants précoces se plaindre que leurs parents attendent qu'ils fassent de leur mieux tout le temps, qu'ils jugent leur excellence normale et passent beaucoup plus de temps à souligner leurs défaillances que leurs réussites. Il est important que vous disiez, dès son plus jeune âge, à votre petit surdoué, que personne n'est tenu à la perfection en tout, tout le temps, et que les erreurs constituent, elles aussi, une part de l'apprentissage. L'échec est formateur, s'il n'est pas mis au ban, si l'on ne culpabilise pas l'enfant d'avoir échoué.

La plupart des parents se focalisent sur les fautes commises par leurs enfants parce qu'ils estiment, à tort, qu'ainsi on les aide à mieux apprendre. Or l'attention portée sur les faiblesses plutôt que sur les forces décourage l'effort. Alors l'échec se reproduit. Le cercle vicieux est en place. Réfléchissez à ce que révèlent les erreurs que commet votre enfant : rien de plus qu'un manque d'aptitude. Or l'aptitude s'acquiert par la pratique, par le travail. Mais un enfant découragé refusera de s'entraîner, et il n'apprendra plus. J'insiste : lorsque votre enfant a échoué ou n'a pas réussi comme vous l'espériez, appliquez-vous à commenter chaleureusement la partie qu'il a réussie, l'effort qu'il a accompli. Enseignez-lui les règles suivantes :

- recherche l'excellence mais pas la perfection ;
- ose ne pas être parfait ;
- fais de ton mieux pour ce qui le mérite, sans nécessairement vouloir être le meilleur.

Apprenez-lui à gérer la critique. Un mauvais devoir ne veut pas dire être mauvais soi-même. Un échec ne fait pas de lui un perdant. Une critique ne doit pas le détruire. Si votre enfant est déçu, écoutez-le et acceptez ce qu'il ressent. Si vous cherchez à le rassurer à tout prix, il pensera que vous ne le comprenez pas.

Afin de venir en aide à votre enfant perfectionniste, commencez par vous demander si vos attentes sont raisonnables, si vous donnez à votre enfant la liberté d'être lui-même, de s'amuser, de faire des erreurs – tout simplement d'être un enfant.

En conclusion vous pouvez aider votre enfant à se libérer du perfectionnisme. Montrez-lui que vous l'aimez et l'acceptez tel qu'il est, et que votre amour est inconditionnel. Soulignez ce que vous appréciez de sa personne et de ses centres d'intérêt, et pas seulement ses résultats. Aidez-le à définir des objectifs raisonnables. Montrez-lui comment fractionner un projet en petites étapes plus faciles à gérer. Signalez-lui quand il attend trop de lui-même. Dites-lui que les erreurs font partie de l'apprentissage. Reconnaissez vos propres erreurs. Apprenez-lui la valeur de la patience avec les autres, avec lui-même. Rappelez-lui que personne n'est parfait. Applaudissez ses efforts. Appréciez sa créativité tout en soulignant l'importance dans certains contextes de suivre le modèle de l'enseignant ! Encouragez l'acquisition de méthodes – trop d'enfants précoces échouent dans le système scolaire par refus d'acquérir les méthodes requises. Félicitez avec discernement, évitez ainsi de le rendre dépendant de l'appréciation de l'autre. Donnez-lui la possibilité de participer à des activités gratuites qui ne soient pas notées ou compétitives. Incitez-le à consacrer du temps à ce qu'il aime, pour le pur plaisir. Encouragez-le à prendre des risques raisonnés – sa réussite dépendra de sa capacité à sortir des sentiers battus. Aidez-le à mesurer les conséquences d'une prise de risque, à distinguer un risque raisonné d'un risque fou. Aidez votre enfant à anticiper les obstacles qu'il va rencontrer, ce qui peut être franchi, ce qui peut échouer et comment il devra réagir. Aidez-le à hiérarchiser les priorités, à distinguer l'essentiel du futile et du secondaire. Encouragez son sens de l'humour. S'il n'aime pas ce qu'il a fait et veut le détruire, demandez-lui comment il peut faire différemment à l'avenir. Aidez-le à se focaliser sur le côté positif de ce qu'il a fait.

□ Aider son enfant à bien gérer ses relations avec l'enseignant

L'enfant précoce ne vit pas toujours la relation idéale que l'on pourrait imaginer avec son enseignant. Certains professeurs affichent leur plaisir à en compter un dans leurs classes, d'autres préfèrent des enfants dans le moule, correspondant à leurs attentes. Le premier contact de votre enfant avec son maître est crucial. Hypersensible, il décode aussi parfaitement les discours que les signaux non verbaux. Dès les premières minutes, l'enfant précoce sait si la maîtresse l'aime bien, si elle est intéressée par son métier. Il lit l'intention derrière le sourire. Prisonnier de sa forte attente, il oublie de chercher à comprendre ce que la maîtresse attend de lui, ou ce qui la motive, son mode de fonctionnement. Comme il est le centre d'intérêt à la maison, il désire la même place en classe. Il intervient sans attendre son tour. Il prend la parole sans y être invité, quand il ne corrige pas publiquement la maîtresse !

Je suis toujours étonnée de constater, au travers de leurs confessions et de leurs remarques, combien certains enfants précoces, ou pas, pensent que l'essentiel en classe est d'apporter la bonne réponse, oubliant que la façon et le moment de la donner comptent tout autant que sa justesse. S'il est rabroué pour ses interventions désordonnées, irrespectueuses d'une hiérarchie ou d'un code de conduite en classe, l'enfant éprouve un sentiment d'injustice et d'incompréhension : pourquoi l'enseignant n'affiche-t-il pas la même admiration que ses parents ?

Plus qu'avec un autre enfant, vous devez apprendre à votre enfant précoce, dès sa première rentrée scolaire, à bien gérer sa relation avec l'enseignant, quelle que soit la personnalité de ce dernier. Confronté à la souffrance de votre enfant si les choses se passent mal avec le maître, évitez de partir en guerre contre lui, de surréagir sans chercher à comprendre la nature de sa souffrance, ni l'essence de ses plaintes. Apprenez-lui à décoder les signaux que le maître a dû lui adresser avant la confrontation ou la réprimande. Apprenez-lui à reconnaître ces signes de sommation : gros yeux, index dressé, voix exaspérée, ton cassant, table nerveusement pianotée. Demandez-lui s'il comprend pourquoi il a agacé l'enseignant. Ce qu'il ferait à sa place. Écoute-t-il ? Comprend-il ce qui est attendu de lui ? Oublie-t-il les règles de la plus élémentaire politesse avec son maître ? Dit-il bonjour, merci, s'il vous plaît ? Tient-il compte des demandes, des questions, des besoins de ses petits camarades ? Écoute-t-il ? Écouter est la chose la plus difficile à apprendre pour un enfant précoce. Accepte-t-il la discipline ? La comprend-il ? S'y plie-t-il ?

□ Mettre des limites à son enfant

La discipline, les règles, les limites sont fondamentales. Ce sont des garde-fous. Ce sont elles qui permettent d'endiguer l'angoisse. Quand tout est flou dans la tête, le monde autour de soi a besoin d'être balisé. Ce qui vaut particulièrement à l'adolescence, période de fragilité entre toutes, vaut pour les premières années. L'enfant précoce a besoin de discipline pour ne pas « déborder » en permanence sur les autres, et ainsi compromettre gravement ses relations avec ses proches – enseignant compris…

Distinguons, toutefois, discipline et punitions ! Alors que punir est un concept négatif, discipliner est un concept positif. Discipliner, c'est apprendre à un enfant à se contrôler de façon à ce qu'il intériorise des valeurs et des principes qui lui permettront d'agir avec les autres de manière responsable, prévisible et mutuellement satisfaisante. L'objectif de la discipline est d'apprendre à l'enfant à s'autocontrôler, alors que l'objectif de la punition est de sanctionner de l'extérieur, d'imposer une façon de faire. La discipline enseigne à votre enfant qu'il existe toujours plusieurs options et qu'il doit faire le bon choix. Elle lui offre l'occasion de découvrir qu'il peut compter sur lui-même. Cet autocontrôle est particulièrement important pour les enfants précoces.

Les désirs, les besoins et les intérêts de l'enfant précoce sont plus vastes que ceux des autres enfants ; sa motivation et son implication sont aussi plus intenses. De nombreux parents disent que leur enfant précoce ne semble pas savoir ce que veut dire le mot « stop ! ». Il peut être intempestif et avoir des difficultés à se comporter calmement, avec mesure. Il semble ne pas connaître de juste milieu ! Cette intensité peut être une grande force s'il n'outrepasse pas les limites et la patience de son entourage. Pour éviter ces agressions, il doit apprendre à se contrôler et à s'autodiscipliner. L'enfant précoce apprend très vite, il saura modifier sa conduite !

Lorsqu'elles sont clairement exprimées et comprises, les règles, les limites, les attentes de conduite rassurent l'enfant et lui donnent un sentiment de stabilité. Cela est particulièrement vrai pour le jeune enfant. Même précoce, un enfant n'a pas l'expérience nécessaire pour fonder son jugement. Si les limites n'ont pas été clairement établies, il sera tenté de « provoquer » pour les découvrir. Borner son espace de liberté, d'expression autorisée, de comportements admis, circonscrit un domaine sûr dans lequel l'enfant précoce peut s'épanouir et se comporter avec assurance et créativité. Bien sûr, vous n'éviterez pas que, comme un autre, il transgresse parfois les règles pour vérifier la solidité de ce cadre !

Pour autant, gardez à l'esprit que l'enfant précoce a besoin de moins de contraintes que les autres. Les limites imposées doivent laisser un espace suffisant pour expérimenter et grandir : votre petit surdoué ne doit pas les percevoir comme les barreaux d'une prison. Par l'expérience, par la compréhension des conséquences logiques, mais aussi par sa participation à la définition de ces règles, l'enfant précoce apprend plus tôt que les autres à poser ses propres frontières.

Il convient néanmoins de concevoir comment lui faire accepter et respecter les interdits, au risque qu'il les transgresse aussitôt. C'est en lui laissant entrevoir les conséquences encourues, que vous y parviendrez le mieux. Ainsi, un contrôle mal révisé lui vaudra une mauvaise note, un entraînement sportif bâclé fera perdre un match... C'est aussi en mettant en place des restrictions fermes, cohérentes, justifiées et comprises par lui. L'enfant précoce accepte les règles dont il perçoit les raisons. En revanche, il réfute les règles arbitraires ou les abus de pouvoir. Il acceptera mieux votre autorité et votre discipline si vous êtes ferme et juste. Surtout, n'énoncez pas de limites que vous n'avez pas l'intention de faire respecter ! Ne formulez pas de punitions disproportionnées avec l'acte commis – privé de télévision jusqu'à la fin de l'année ! Auriez-vous exagéré dans un moment d'intense colère, mieux vaut revenir sur vos paroles le lendemain : « J'ai repensé à ce que je t'ai dit hier, et je crois qu'il est préférable de modifier... »

Posez peu de conditions, mais veillez à ce qu'elles soient respectées. L'enfant précoce sera très curieux de voir si vous ferez vraiment ce dont vous l'avez menacé s'il désobéit. Comme il s'exprime avec aisance, il essayera de discuter et de défendre avec logique sa position. Cela peut prendre des heures !

Encouragez-le à définir ses propres limites chaque fois que vous le pouvez. Puisqu'il a des capacités d'empathie, montrez-lui que ces limites sont essentielles pour ceux qui l'entourent.

Dans la mesure où vous souhaitez qu'il apprenne à s'autodiscipliner, incitez-le à verbaliser son avis sur le bénéfice de ces restrictions. N'oubliez pas que vous aurez à redéfinir les règles en fonction de l'âge de votre enfant.

L'enfant précoce a besoin de choix. Ils lui offrent l'opportunité de construire une image positive de lui-même et le sentiment d'être compétent. Laissez-lui, autant que vous le pouvez, la possibilité de choisir. Encouragez-le à se sentir responsable de ses actes en lui présentant tous les choix possibles et en lui demandant d'en élire un (ne lui demandez pas bien sûr s'il veut se faire vacciner contre la polio, mais laissez-le choisir le bras qui recevra le vaccin !).

Dans cet exercice, n'utilisez jamais un atout de votre enfant pour critiquer ses mauvaises options : « Avec ton intelligence, tu ne peux même pas... » Il en déduira qu'il ne serait pas critiqué s'il n'était pas intelligent !

Évitez d'être un dictateur. Plutôt que de dire : « Je m'en moque si tu n'as pas terminé, nous devons partir maintenant », il vaut mieux dire : « Nous avons besoin de partir dans dix minutes, auras-tu fini avant ou peux-tu trouver un bon moment pour interrompre ce que tu fais ? »

Évitez, en lui enseignant les règles de discipline, l'usage des commentaires universels : « Tu es toujours égoïste, » « Tu ne penses qu'à toi, » « Tu n'es jamais contente »...

Ne le ridiculisez pas. L'enfant précoce est particulièrement sensible au ridicule et peut être profondément blessé.

Ne le harcelez pas et n'acceptez pas qu'il vous harcèle. L'enfant précoce peut être particulièrement insistant dans ses demandes et ses parents peuvent finir par tolérer cette habitude. De votre côté, ne le critiquez pas en permanence sur un point précis de conduite.

Ne vous laissez pas manipuler par des colères : si vous cédez, c'est la porte ouverte à d'autres caprices et à l'escalade dans la pression à laquelle vous serez soumis.

N'évoquez pas les problèmes de votre enfant en public, ni devant lui, quel que soit son âge.

Enfin, évitez à tout prix les punitions sévères et inconsistantes. Un tel comportement déclenche colère et mépris. Il perd confiance en vous. Le monde lui apparaît alors comme imprévisible et dangereux.

□ Quand faut-il consulter ?

C'est, le plus souvent, pour des problèmes de relations avec le monde que les enfants précoces viennent me consulter. Mais les parents hésitent souvent à recourir à un clinicien. Ils ne savent pas toujours s'il faut rechercher de l'aide extérieure, certains craignent d'ailleurs qu'une consultation s'avère, au contraire, catastrophique. Et comment discerner la gravité de la souffrance ? Quand passe-t-on du « c'est une phase » à « cela ne va plus du tout, et cela dure depuis trop longtemps » ? Dans l'incertitude, écoutez l'entourage de l'enfant. Ses frères et sœurs, ses quelques camarades s'il en a. Ne fermez pas vos oreilles aux conseils et aux remarques de l'extérieur – enseignants, animateurs, membres de la famille... Soyez attentif. Voici quelques signes de danger que vous ne devez pas ignorer. Souvenez-vous que gérer tôt les difficultés permet d'éviter des situations dramatiques.

1. *Votre enfant s'isole* – Commencez à vous inquiéter quand il se met à l'écart en famille, quand il vous évite ou évite les amis qu'il recherchait. Ce n'est pas anormal pour un adolescent de passer de longues heures seul dans sa chambre pour parler au téléphone avec des amis. Mais si votre enfant passe beaucoup de temps seul, soyez attentif. Essayez de comprendre pourquoi.

2. *Votre enfant devient perfectionniste à l'extrême* – Si votre enfant ne fait plus que ce qu'il sait faire à la perfection, s'il n'est pas prêt à prendre un risque, à essayer quelque chose de nouveau, inquiétez-vous. Ne minimisez pas ses réactions

s'il vous paraît terrorisé à l'idée d'échouer. Il est certainement très malheureux et a besoin d'aide.

3. *Votre enfant se sent totalement impuissant* – Nous avons tous besoin de sentir que nous pouvons avoir un peu de contrôle sur le monde qui nous entoure et sur ce qui nous arrive. Un enfant précoce qui se sent totalement impuissant est un enfant qui souffre et qui est en colère, qui se sent inutile. Il peut compenser sa souffrance en manifestant des attitudes négatives, une colère rentrée, des agressions verbales à l'encontre de son entourage. Il peut même ne plus faire confiance aux adultes.

4. *Votre enfant semble très attiré par la violence* – Les films, la télévision, les jeux vidéo regorgent de violence. Certains enfants l'ignorent, d'autres développent une certaine fascination pour celle-ci.

5. *Votre enfant ne s'alimente plus de la même façon* – Vouloir être mince pour ressembler à un mannequin peut prendre une dimension inquiétante. Sans parler de l'anorexie de certaines adolescentes. La boulimie est, elle aussi, signe de mal-être. Une façon de se défendre du monde extérieur en recherchant du réconfort dans la nourriture. Souvenez-vous que les problèmes alimentaires n'ont rien à voir avec la nourriture, mais tout à voir avec une utilisation erronée de la nourriture pour résoudre un problème.

6. *Le recours aux drogues* – L'enfant précoce subit de nombreuses pressions : pour être accepté, pour être excellent... Quand la pression devient trop importante, il recherche un exutoire. Le sport, la relaxation, la musique, le jeu peuvent apporter cette détente, ce soulagement. Mais l'alcool et la drogue sont aussi des recours que l'enfant précoce peut choisir, persuadé que boire ou fumer ne présente aucun danger pour lui, puisqu'il est informé et sait comment gérer le problème. Il convient alors de réagir en toute urgence.

7. *Une préoccupation excessive sur son apparence* – Il est normal de vouloir plaire et de faire ce que l'on peut pour être séduisant. Cela peut néanmoins aller trop loin. Combien de temps votre fils ou votre fille passe-t-il devant le miroir ? Considérez qu'il y a un problème quand les soucis de toilette priment sur tout le reste et interfèrent avec un fonctionnement normal, ou quand votre enfant ne semble penser qu'à lui.

8. *Le retrait dans un monde imaginaire* – Quand le monde réel paraît trop menaçant, certains enfants précoces se retirent dans un monde imaginaire. Parler à des amis imaginaires, leur laisser des messages, s'extraire de la réalité ne peut être banalisé. Tentez de rétablir le dialogue, d'évaluer l'étendue de cette attitude de fuite.

9. *Une préoccupation importante pour la mort* – Ne négligez jamais cette question avec un adolescent. L'enfant précoce ne présente pas de risques accrus, mais il est davantage enclin aux conduites à risque, s'il est en souffrance. Victime de son hypersensibilité, il peut déformer certaines paroles, mal interpréter certains gestes. Une grande souffrance peut s'ensuivre, qui peut aussi induire un sentiment de désespoir et des idées suicidaires. Certains échecs peuvent paraître tellement humiliants que la vie ne semble plus valoir la peine d'être vécue. Soyez particulièrement attentif aux signes suivants, et réagissez immédiatement si vous les constatez : menaces de se suicider, parler du suicide en général de façon récurrente, même sur le ton de la plaisanterie, don de ses objets les plus chers, remarques répétées sur le sentiment que la vie ne vaut pas la peine d'être vécue.

Tous ces signaux sont exceptionnels, rassurez-vous ! Mais il faut être vigilant avec un enfant précoce, et toujours privilégier le dialogue et l'écoute, et les preuves d'amour.

5

Les parents et la réussite

Aider son enfant à réussir, c'est lui transmettre les valeurs essentielles dont il aura besoin pour mener une vie riche et satisfaisante. C'est partager avec lui notre compréhension du monde et lui transmettre certaines clés. C'est lui donner les moyens d'identifier et d'actualiser ses talents. Les sources d'apprentissage, pour l'enfant comme pour l'adolescent, abondent : école, camarades, gardes, ainsi que les médias, de plus en plus présents dans sa vie par le biais d'Internet. Son regard sur le monde, ses valeurs, ses rêves et ses attentes subiront l'influence de ce réseau d'informations, de mots, d'avis, de schémas. Pour autant, votre rôle reste primordial. Tout d'abord parce que vous êtes son modèle, comme nous l'avons vu. Ensuite, parce que votre enfant pourra profiter de votre présence jour après jour, dans un espace de dialogue et d'échange. Vous pourrez alors, quotidiennement, lui offrir non seulement votre écoute, mais encore vos conseils. Ainsi, vous l'aiderez à affiner sa vision sur la place qu'il peut tenir dans ce monde et à réfléchir sur la contribution qui pourrait être la sienne.

Clarifier sa position quant à la réussite

Encore faut-il, si vous ne l'avez pas déjà fait, clarifier votre propre position sur la réussite, sur les valeurs qui vous semblent fondamentales, sur ce que vous attendez ou espérez pour vous et pour votre enfant. Qu'est-ce que la réussite ? Au sens large, on le sait, elle est un processus, un parcours au fil duquel, tout en actualisant notre potentiel, nous ressentons une satisfaction profonde parce que nous donnons sens à notre vie, et ainsi, une contribution au monde qui nous entoure. Mais pour vous, qu'est-elle ? Posez-vous les questions qui vous permettront de faire le point. La réussite est-elle pour vous un sujet tabou ? une fiction ? une loterie réservée aux chanceux ? Ou bien, à vos yeux, s'acquiert-elle par l'effort ? Y avez-vous renoncé pour vous-même ? Avez-vous l'impression de vous être sacrifié pour celle d'un autre, conjoint, enfant, parent, idéal de vie ? Ce petit exercice d'introspection est fondamental avant d'envisager de faire des plans pour l'avenir de votre enfant. Il met en lumière vos attentes plus ou moins conscientes, il effectue un tri entre ce qui pourrait résulter de vos frustrations – « J'ai toujours voulu être médecin, je ne l'ai pas pu, mon enfant réalisera ce rêve à ma place » – et le domaine d'excellence propre à votre enfant. Vous pourrez alors faire la part des choses, dégager vos attentes des siennes. Rien n'est plus destructeur que de voir en son enfant l'occasion de prendre une revanche sur la vie : c'est le réduire au rôle d'un pion destiné à flatter le narcissisme de l'adulte. La partie engagée n'est plus celle de l'enfant, mais une deuxième chance pour le parent. Un parent bien intentionné peut ainsi vouloir que son enfant emprunte un parcours qu'il juge être le meilleur pour lui. Un parcours qui correspond à ses propres idéaux, dont il n'a jamais tenté de débrouiller l'origine. Dès lors, des malentendus fréquents enveniment les perspectives d'avenir, compliquent les rapports entre parents et enfants et peuvent même altérer leur confiance envers les adultes. Et ce, tout particulièrement au moment du choix des études supérieures. Je pense à cet instant à Iris, venue me consulter alors qu'elle suivait une khâgne. Elle s'était inscrite dans ce cursus, influencée par sa mère, alors qu'elle rêvait de faire des études de droit. Elle n'était pas heureuse en khâgne, ses résultats s'en ressentaient, qu'elle jugeait médiocres. Elle avait pris la décision de se réorienter. Sa mère, inquiète, avait insisté pour qu'Iris me consulte. Elle avait préparé l'entretien et m'avait demandé de la soutenir en encourageant sa fille à poursuivre un cursus littéraire. Mon refus de tenir une position de principe l'avait étonnée, et je dus lui faire comprendre l'importance pour Iris d'analyser, au préalable, sa propre motivation. Le matin même de la consultation, je reçus un nouvel appel de la mère d'Iris : elle insistait sur l'importance de recommander la poursuite des études littéraires. Je répétai combien il était important que je reste impartiale, et ce dans l'intérêt même de sa fille.

L'entretien révéla finalement que la mère d'Iris – juriste – n'était pas fondamentalement opposée à des études de droit. Cependant, elle désirait que sa fille n'aborde ces études, qu'elle dévalorisait, qu'à la suite d'une prépa littéraire et d'un diplôme de Sciences Po ! D'un côté, la fille valorisait le choix d'études de sa mère, de l'autre, la mère dévalorisait ses propres études et refusait de les recommander à sa fille ! L'exercice parental est sur ce point délicat : encourager son enfant, mais sans vouloir pour lui ; créer des conditions optimales pour qu'il réussisse, sans régenter sa vie. La tâche est difficile, mais elle est toujours très gratifiante, en fin de compte.

Gardez en tête les caractères qui définissent la personnalité de votre enfant précoce et qui se radicalisent à l'adolescence. À cet âge, le surdoué est particulièrement sensible à la critique, aux suggestions des autres. Les parents, les amis, les camarades, sans parler des enseignants, sont prompts à ajouter leurs propres attentes aux siennes. Bien souvent, les rêves personnels des autres entrent en compétition avec ses propres aspirations. Votre enfant se retrouve ainsi confronté à des dilemmes, accrus par sa propre difficulté à choisir entre toutes les options qui lui sont ouvertes. Or plus un jeune est brillant, plus il sera l'objet de pressions extérieures qui constitueront, in fine, une source importante de frustration pour l'adolescent précoce. On voit ainsi des jeunes fortement incités à continuer le conservatoire au prétexte qu'ils excellent à un instrument, alors qu'ils disposent d'un temps limité pour préparer leur examen et qu'ils ne souhaitent pas faire carrière dans la musique.

Il convient par ailleurs que vous restiez attentif à ce que l'on pourrait qualifier de fausse identité d'adulte. Sous le charme de son raisonnement, de sa logique, de ses arguments, certains parents oublient l'âge affectif de leur enfant, et le fait qu'il n'est peut-être pas encore prêt à assumer une réelle indépendance ou à s'engager pour la vie dans un choix de carrière. Les consultations d'orientation sont des moments privilégiés pour aider l'adolescent à prendre conscience que certaines vocations lui ont été suggérées. Devenir médecin est par exemple une tradition familiale, mais cette décision n'est peut-être pas encore la sienne. Il est important qu'il la mûrisse en prenant le temps de mieux se connaître.

Encourager la réussite oblige à déterminer des objectifs clairs. Vous l'avez définie, il faut encore lui trouver un sens. Est-elle un aboutissement ? L'assimilez-vous à la célébrité ? Si vous avez, dans votre entourage, des exemples de réussite, vous influencent-ils ? Vous-même, en êtes-vous un ? Considérez-vous qu'elle sanctionne un objectif atteint ou qu'elle couronne un processus d'où procèdent une discipline, un travail, des choix particuliers ? Lorsque vous considérez celle, à venir, de votre enfant, obligez-vous à prendre en compte le fait que la définition de la réussite évolue avec le temps, l'âge, l'expérience, les conditions de vie. Aux rêves de la petite enfance, succéderont d'autres attentes, induites par la compétition et la perception de sa propre différence avec les frères, les sœurs, les vues parentales, les camarades... Souvenez-vous de vos jeunes années, de vos espoirs, comparez-les à vos réalisations personnelles...

Et la célébrité ? Elle est aujourd'hui présentée comme la réussite. Les médias ne cessent d'exposer et d'encenser ces vies, consacrées par la télévision, le cinéma, l'actualité. Il y a confusion des genres : pour beaucoup de jeunes, devenir célèbre, c'est réussir. Ils ont une image de la célébrité absolument « magique » puisqu'elle peut être instantanée. Il suffit de passer à la télévision. Il devient, dès lors, difficile d'opposer à cette ascension fulgurante la progression laborieuse du travail, la persévérance et l'aptitude à apprendre de ses erreurs, à redresser la barre et à continuer, avec tout le temps nécessaire pour triompher des difficultés et de soi-même.

Aider son enfant à faire fructifier ses talents

Bien sûr, l'enfance et l'adolescence connaissent leurs propres formes de réussite, mais votre enfant apprendra vite que ces temps sont des temps de préparation et de développement des aptitudes mentales, qui permettront un parcours satisfaisant à l'âge adulte. Tout au long de cette période, vous devrez souligner la pluralité des voies à emprunter et la réflexion nécessaire avant qu'il ne trouve la sienne. Enseignez à votre enfant à fuir la facilité, à creuser et à faire fructifier ses talents. Dans cette rigueur, vous lui laisserez une liberté et une souplesse de fonctionnement, de façon à ce qu'il s'adapte sans heurts aux différents environnements qu'il expérimentera, et qu'il soit capable de vivre ses échecs comme des enseignements, qu'il les accepte et rebondisse avec plus de sagacité, d'enthousiasme et de saine humilité. Rappelez-lui que l'expérience est riche quand un cocktail équilibré d'échecs et de réussites la compose. En effet, mieux qu'un éclairage sur ses points faibles, l'échec apprend aussi à gérer sa frustration. Vous serez, encore une fois, en ces moments très difficiles à vivre pour tous les enfants mais plus encore pour l'enfant précoce, indispensable pour réconforter, enthousiasmer, ouvrir le monde par de nouvelles portes, qu'elles soient voyages, expériences artistiques ou nouvelles technologies.

De quelles qualités votre enfant a-t-il besoin pour réussir ?

Simplement la capacité à se passionner, l'énergie, la persévérance, la créativité, les facultés d'adaptation. Autant de qualités qui dépendent dès la petite enfance de deux aptitudes : regarder et écouter. Pourquoi regarder? Parce que cela induit une qualité fondamentale de l'intelligence, la lucidité, qui décèle ce que les autres ne voient pas. Tout ce qui sous-tend le monde, ses liens secrets, ses fragilités, les ressorts d'une situation nouvelle, les options qu'elle offre, les opportunités qui permettront un essor professionnel et de créer la différence. Regarder, mais aussi écouter, pour décoder, derrière les mots prononcés, les contradictions, les failles, les manques, pour s'informer, pour mieux comprendre l'autre et satisfaire ainsi ses attentes.

Aider son enfant à développer ses qualités

Pour accroître son potentiel, vous devez éveiller votre enfant. Ne vous attendez pas à ce qu'il s'intéresse à tout, ni qu'il puisse tout retenir de ce que vous lui proposerez, mais vous exciterez sa curiosité, vous stimulerez son appétit naturel. Attention, pour autant, à ne pas lui bourrer le crâne, à ne pas sombrer dans l'excès. Des enfants se sont souvent plaints, dans mon cabinet, des deux ou trois heures continues dans un musée, de la prolifération d'une année sur l'autre des inscriptions dans des ateliers, des clubs de sports, des initiations aux arts, autant d'activités qui interdisent ces temps « morts » où le rêve, la pensée, la créativité peuvent se déployer sans contrainte sur des thèmes éminemment personnels. L'excès risque d'aboutir au résultat inverse : le dégoût au lieu de l'ouverture. Une récente étude américaine, signée Richard E. Nisbett, *Intelligence and how to get it*, « L'intelligence et comment l'acquérir », sous-titrée « Pourquoi les écoles et la culture comptent », démontre que les facultés intellectuelles de l'enfant sont hautement influencées par l'environnement dans lequel il grandit et évolue. Dans ces pages, qui n'ont pas encore été traduites en français, Nisbett conteste les méthodes et les conclusions des partisans de l'hérédité de l'intelligence, pour qui l'environnement ne contribuerait qu'à hauteur de 15 % à 25 % dans l'épanouissement du QI. Il démontre, études à l'appui, l'importance de la famille et de l'environnement, qu'il juge déterminants dans le développement des facultés intellectuelles. Pour étayer ses assertions, Nisbett cite deux études françaises, l'une menée par Christiane Capron et Michel Duyme[1] en 1989, l'autre par

1. Capron C., Duyme M., « Assessment of effects of socio-economic status on IQ in a full cross-fostering study », *Nature*, 340, 1989, p. 552-553.

Michel Duyme et ses collaborateurs[1] en 1999. Les travaux de ces deux équipes aboutissent aux mêmes conclusions :

1. un environnement social élevé produit des enfants au QI nettement plus haut qu'un environnement social défavorisé ;
2. la différence de QI entre un enfant élevé dans la classe sociale moyenne supérieure et un enfant élevé dans un milieu défavorisé est de 12 points.

Peut-on « accroître le QI » de son enfant ?

Richard Nisbett affirme qu'il est possible de modifier le QI d'un enfant, quel que soit le degré d'hérédité de son intelligence. Il soutient qu'une bonne école rend plus intelligent, ainsi qu'une bonne éducation. Selon lui, les écarts considérables de réussite tiennent aux écarts dans la qualité de l'éducation, d'une classe sociale à l'autre. En effet, chaque couche sociale prépare ses enfants à des rôles sociaux spécifiques et des occupations professionnelles segmentées. Enfin, les enfants n'y sont pas sollicités de la même manière par les parents. Ceux-ci, conclut-il, peuvent faire énormément pour accroître l'intelligence de leurs enfants ainsi que leurs résultats académiques.

Aider son enfant à identifier ses propres talents

Encore faut-il ne pas se tromper sur ses dons. Prenez soin d'écouter ce qu'il a à vous dire. Observez ce qu'il fait, ce qui le passionne, ce à quoi il répond le plus spontanément.

1. Duyme M., Dumaret A.-C., Tomkiewicz S., « How can we boost IQs of "dull children" ? : A late adoption study », *PNAS*, 96, 15, 1999, p. 8790-8794.

Encouragez-le, mais discrètement, raisonnablement, sans que cet encouragement devienne un training de haute compétition, voire du harcèlement. Laissez votre enfant, dans l'éventail des propositions que vous lui aurez faites, les expérimenter toutes ou n'en choisir qu'une, l'essentiel étant qu'il puisse tester ses capacités à rebondir dans l'adversité. S'il sollicite votre avis, proposez-lui toujours plusieurs solutions, et surtout invitez-le à penser « hors de la boîte », à considérer le monde du point de vue de Sirius. C'est une gymnastique intellectuelle extrêmement satisfaisante. Et soyez patient ! Les jeunes adolescents précoces rencontrent souvent un certain nombre d'obstacles qui gênent leur adaptation. Entre treize et dix-sept ans, ils peuvent être freinés par certains problèmes qui découlent de leurs talents et de l'avance scolaire qu'ils ont pu prendre : perfectionnisme, compréhension inexacte de leurs dons, rejet des camarades, pressions exercées par leur entourage, désinvestissement d'un enseignement peu motivant, manque de méthodes et d'habitudes de travail, difficulté à définir une orientation, à effectuer un choix de carrière. Ainsi, bien souvent, les adolescents se mettent à douter de la réalité de leurs talents. Ils se demandent si les résultats des tests qu'ils ont passés sont valides, s'il n'y a pas eu une erreur. Ils ont l'impression qu'un jour ou l'autre on se rendra compte qu'ils ne sont pas ce que l'on croit, qu'ils sont des imposteurs. Il m'arrive de recevoir en consultation des garçons ou des filles testés en primaire, qui ont besoin de revenir sur le sens de résultats qu'ils semblaient avoir bien compris la première fois. Ils posent alors des questions sur le quotient intellectuel, sur la validité des épreuves, ils se demandent s'il est possible de perdre son intelligence. Il est vrai que ces questions apparaissent bien souvent quand, pour une raison ou une autre, les notes chutent. Enfin, la pression exercée par leurs camarades peut les amener à nier leurs aptitudes les plus évidentes. Par ailleurs, de nombreux adolescents talentueux se reconnaissent perfectionnistes : ils ont pris l'habitude d'attendre beaucoup et parfois trop d'eux-mêmes. Ils voudraient pouvoir réaliser au-delà de leurs capacités. Rarement satisfaits de ce qu'ils produisent, écartelés entre ce qu'ils font et leurs attentes, ils sont tentés de baisser les bras. Alors que les jeunes précoces sont bien souvent perçus comme prêts à prendre des risques, cette qualité s'évanouit à l'adolescence, parfois jusqu'à disparaître. Plus conscients que leurs camarades du même âge des conséquences de certaines activités, ces jeunes précoces, rompus à l'art de peser le pour et le contre, choisissent alors de se retirer du jeu, de refuser la compétition. Ils semblent vouloir à tout prix garder le contrôle. C'est en les écoutant, en les comprenant, que vous pourrez les aider à développer des stratégies efficaces pour faire face à ces difficultés.

Vous êtes un modèle pour votre enfant, mais comment demander conseil pour faire les bons choix ?

Je l'ai dit, écrit plusieurs fois : vous êtes le modèle de votre enfant. Aussi, à tout moment, soyez sincère. Ne vous lancez dans aucune apologie sans être totalement convaincu. Ne défendez pas comme si votre vie en dépendait un principe que vous n'appliquez pas à vous-même. L'incohérence est destructrice, et elle n'échappera pas à votre enfant précoce ! Bien sûr, cette éducation prend du temps. Mais il n'est pas nécessaire qu'elle en prenne trop. En revanche, offrez une disponibilité réelle, sans interruption téléphonique, sans pianoter dans le même instant sur votre ordinateur…

Souvenez-vous que vous êtes un moteur dans ce que votre enfant retiendra de l'idée de réussite et des moyens d'y accéder. Vous êtes un moteur dans votre engagement, mais aussi par votre exemple. Si vous avez renoncé, si vous ne croyez plus possible de modifier votre avenir parce qu'à vos yeux vous êtes trop vieux, ou pas assez diplômé, ou issu d'un milieu simple, votre enfant le percevra. Ces mille et une raisons, qui peut-être vous retiennent, il les intégrera et les fera siennes. Vous serez surpris de les entendre dans sa bouche quand vous vous étonnerez qu'il ne persévère pas dans une voie, qu'il abandonne au premier échec. Il vous dira alors qu'il est trop jeune, qu'il n'a pas assez de diplômes, qu'il n'a pas d'argent... Libérez-le du regard des autres et d'un certain conformisme, permettez-lui de vivre sa différence de façon positive. Mais c'est aussi en le rendant conscient des codes et des coutumes que vous l'aiderez à en comprendre la nécessité et la valeur.

Quoi qu'il en soit, dites-lui toujours qu'il ne saurait y avoir d'obligation à la réussite – ingénieur ou médecin comme son père – telle que vous la concevez vous-même, ou selon le principe qu'un enfant doit faire mieux que ses parents. Les dynasties ont certes porté sur le devant de la scène l'exemple de réussites presque congénitales, mais bien souvent au détriment de l'individu, de son propre sentiment d'avoir réussi, et très loin de ce dont il rêvait, enfant. Enfin, être le fils d'un industriel est peut-être une sécurité, mais pas forcément un atout.

Vous, et vous seul, pouvez montrer dès le plus jeune âge que les grands projets sont alimentés par une passion beaucoup plus que par un parti pris flou – celui de la réussite dans un sens abstrait, la réussite pour la réussite. Une réussite se construit sur l'acquisition de connaissances et au terme d'un travail en profondeur. Bien évidemment, vous ne négligerez pas la qualité des études. La précocité de votre enfant vous oblige à lui proposer des activités intellectuelles, à l'inciter à les utiliser, à les développer, à les faire fructifier. Dès lors, le choix de l'école, la qualité et la richesse de l'enseignement priment dans les enjeux éducatifs. Pour autant, il serait présomptueux d'édicter des règles absolues sur ce sujet. Un enfant précoce peut avoir besoin d'un enseignement spécifique, tel autre s'épanouira dans un établissement classique. Tout dépend de la personnalité de l'enfant, de ses capacités d'adaptation. Ainsi, dans une même fratrie, les parents effectuent parfois des choix différents pour chacun. Si vous éprouvez le moindre doute sur la voie, la filière à privilégier pour votre enfant, n'hésitez jamais à consulter un spécialiste : souvent, le regard d'un tiers éclaire le chemin à prendre, et l'avenir d'un enfant se joue parfois sur une hésitation mal comprise.

Une consultation se justifie souvent quand se pose la question de sauter une classe pour accélérer le rythme scolaire lorsqu'une précocité est détectée. L'apprentissage de la lecture, résolu dès la maternelle, incite souvent le parent à demander un passage anticipé en CP. De même, la maîtrise des connaissances de base peut inciter à accélérer le rythme d'enseignement. La classe à double niveau, à condition d'appartenir à la classe d'âge la plus jeune, offre un atout appréciable, puisqu'elle permet, tout en respectant les besoins affectifs de l'enfant, de faire par exemple un CE1 et un CE2 en une seule année. L'essentiel, si cette option est prise, est que vous gardiez à l'esprit que ce qui importe pour votre enfant n'est pas d'aller toujours plus vite, mais de pouvoir approfondir les notions qu'il a acquises lorsqu'il les maîtrise. Dans le cas où cette condition est remplie, ne faites pas d'impasse sur ses besoins et sa maturité affective qui doivent, eux aussi, s'épanouir à leur rythme. À côté de tous ceux qui se sont épanouis au contact de camarades plus âgés, il y a malheureusement tous ceux qui ont souffert d'un « déracinement » qu'ils ne souhaitaient pas. Le parent met parfois en équation « réussir à l'école » et « saut de classe » – l'avance devenant la preuve irréfutable de dons hors norme. Or tous les enfants précoces ne souhaitent pas être poussés : certains préfèrent garder le contrôle et maîtriser leur situation scolaire. Ceux-là profitent souvent de la consultation pour exprimer leur demande. Je me souviens d'une rencontre avec une fillette de dix ans. Elle était en sixième, avec déjà une bonne année d'avance. Sa mère désirait la faire tester à nouveau, avec l'idée d'obtenir un passage en quatrième à la rentrée suivante. Lors de l'entretien préliminaire, Florence avait adopté une attitude hostile. Je réalisai rapidement qu'elle n'avait aucune intention d'effectuer le travail imposé par sa mère. Je choisis alors de la voir seule et je lui promis que nous ne ferions ce travail que si elle le souhaitait. La violence avec laquelle elle évoqua le « complot » des adultes qui avaient bouleversé sa vie dans le passé m'étonna. Non seulement Florence avait perdu ses amies, mais elle vivait depuis dans la peur continuelle de ne pas être à la hauteur. Pour rien au monde elle ne voulait se prêter à un test qui autoriserait un nouveau saut de classe. Je dus travailler avec la mère de Florence pour lui faire comprendre et accepter le désir et les craintes de sa fille. Je ne fis pas de test ce jour-là. Ma mission fut de réconcilier une mère et une fille, et de réintroduire dans l'esprit de Florence l'idée que sa précocité était non pas une punition, mais un atout.

J'insiste toujours lorsque les parents me posent la question : il n'y a pas de règle absolue sur les sauts de classe. Alors que certains enfants précoces auront besoin d'une accélération du rythme pour soutenir leur motivation, d'autres insisteront pour rester dans leur classe d'âge et préféreront se sentir en terrain sûr ! Indécis et désireux de bien faire, le parent prendra l'avis d'un expert. Il se méfiera des réponses de principe et veillera à ce que l'on tienne compte de la personnalité de son enfant. L'expérience clinique du praticien, seule, permettra de trancher. Quoi qu'il en soit, ne prenez pas l'avance scolaire comme l'unique confirmation et la récompense de la précocité de votre enfant. Gardez à l'esprit que s'il s'avère fructueux dans les petites classes, l'écart d'âge se révèle parfois très douloureux lors de l'adolescence. Votre enfant, telle Florence, sera alors isolé dans son groupe dont il ne partagera pas les centres d'intérêt, et qui le rejettera immanquablement au prétexte de son immaturité. Enfin, arriver très tôt au baccalauréat, c'est arriver très tôt aussi en classe préparatoire et à l'université, où l'immaturité affective devient encore plus problématique. En raison de son avance scolaire, votre enfant se retrouvera en fort décalage avec les jeunes gens de sa classe. Il abordera sa propre puberté alors que les autres, de deux ans sinon trois de plus, la vivront déjà pleinement. Ses interrogations, ses intérêts seront alors l'objet de railleries. Il se sentira isolé, voire ridicule. Pour la première fois, ce n'est pas lui qui aura de l'avance : les rôles seront inversés et il ne saura pas mieux les gérer. L'envie d'avoir des amis avec qui il puisse discuter de sujets existentiels, toujours forte, restera trop souvent insatisfaite. À un âge où, comme tous les jeunes, votre enfant a tendance à moins se confier, il vivra cette marginalisation de façon très douloureuse. À cet âge de doutes et de remises en question, certains enfants précoces se protègent en optant pour une hypermaturité de surface assortie de cynisme et de sarcasmes, d'autres cherchent à se fondre dans la masse en optant pour le camouflage, noyés dans le sentiment qu'ils sont profondément seuls dans un monde indifférent à leur souffrance.

C'est un moment où vous devez plus que jamais entretenir le dialogue : n'oubliez pas que pour lui, l'important n'est pas nécessairement de dire, mais de vous savoir présent et disponible quand c'est nécessaire. Il est d'ailleurs primordial que vous lui fassiez savoir où certaines questions, certaines discussions peuvent se tenir : chez le médecin de famille, le psychologue, le gynécologue. Les autorités religieuses pour les familles pratiquantes sont aussi des alliées au cours de ces années.

Lâché trop tôt, du fait de son avance scolaire, dans le monde adulte, l'enfant précoce est démuni et son intellect ne le protège pas de tout. Dès lors, sa fragilité affective peut faire de lui une proie de choix pour certains adultes pervers. Leur détermination risque de fasciner l'adolescent qui doute. Il peut ainsi se retrouver sous l'influence d'un manipulateur. Je repense tout particulièrement à la souffrance d'un ado tombé amoureux d'un jeune adulte qui obtenait de lui tout ce qu'il voulait en le maintenant dans une relation où le compliment destiné à séduire était immédiatement suivi d'agressions verbales le menant à douter de lui, à se dévaloriser. Dénarcissisé, le jeune devenait dépendant de son aîné pour se « reconstruire ». Un travail de thérapie de plusieurs mois fut nécessaire pour rétablir son équilibre.

Protéger son enfant de certains dangers extérieurs

Sur la question des influences néfastes et des mauvaises rencontres, il y a encore le danger des sectes. À leur propos, des rumeurs ont circulé au cours de ces dernières années. Les sectes s'intéresseraient beaucoup aux enfants précoces, leur haut potentiel offrant à ces institutions occultes un investissement sur l'avenir. Certains noms d'établissements scolaires, certains ateliers ont même été désignés, sans que jamais une seule preuve n'ait été fournie. Il y a eu beaucoup de fumée, mais aucun feu constaté. Je ne conteste pas que la fragilité d'un enfant précoce puisse le pousser dans les filets d'une secte, mais de là à prétendre qu'elles chassent dans les lieux que ces enfants fréquentent… Quant à moi, mon expérience de clinicienne ne m'a jamais menée à rencontrer une famille dont l'enfant aurait été en contact avec les représentants d'une secte, ou aurait eu à subir leurs manipulations. Je ne peux donc trancher ou conclure sur ce sujet...

Enfin, ne soyez pas uniquement focalisé sur le QI et les aptitudes intellectuelles de votre enfant, au prétexte qu'il est précoce. De façon étonnante, dans mon cabinet ou dans les publications sur le sujet, alors que l'on parle beaucoup de la précocité intellectuelle des enfants surdoués, on évoque peu leur sexualité ! Ce sujet mérite néanmoins d'être abordé. Sont-ils également précoces dans ce domaine ? Leur grande curiosité les mène-t-elle à se livrer à des expériences plus tôt que les autres enfants ? La « focalisation » de leurs parents sur leur tête bien pleine semble hélas les laisser parfois très démunis dans ce domaine. C'est de toute évidence un sujet où le décalage entre leur maturité intellectuelle et leur maturité affective peut leur jouer des tours. Que ce soit la jeune fille qui pense pouvoir tout résoudre par ses lectures et se retrouve enceinte au grand dam de ses parents ; ou celle qui, à quatorze ans, part en week-end chez son petit ami avec la permission de sa mère et qui fort heureusement ne « tombe pas enceinte ». Ou encore ce jeune informaticien qui met sur le web ses séances de « touche-pipi » avec son copain... Les parents de ces trois jeunes surdoués ont observé un silence total sur les questions de sexualité, et leurs enfants ont été victimes d'un manque d'informations que personne n'a pensé pallier, certains qu'ils étaient trop occupés à s'informer sur Mars ou la théorie de la relativité ! Les trois ont eu des parents qui ont estimé que le sujet pouvait être remis à plus tard. Or l'enfant précoce, plus que les autres, a besoin de réponses claires et précises, et sa première confrontation avec la sexualité n'est pas toujours aisée. Souvent, je repense à Marie, dix ans, qui a surpris ses parents dans l'intimité amoureuse de leur chambre. Elle n'est pas la seule qui ait vécu cette situation ! Mais plutôt que de réagir comme les autres enfants de son âge, en se sentant coupable d'avoir poussé une porte sans permission, elle prit de front ses parents et exigea des explications. Indignée et déçue par leurs réponses, elle se réfugia dans sa chambre. Pendant plusieurs jours, elle souffrit de troubles du sommeil, mais quelques entretiens suffirent à guérir son insomnie.

Il semblerait que ces enfants aient soit un éveil précoce et un passage à l'acte lié à la curiosité, soit un refus de la sexualité et un comportement d'élève modèle jusqu'à un âge avancé. Quoi qu'il en soit, la précocité intellectuelle a une incidence réelle sur la sexualité de ces enfants, qui peut, mal vécue, handicaper leur épanouissement ou leur réussite sociale et professionnelle. Il est important que les parents acceptent d'évoquer ce sujet, soit avec eux, soit avec un thérapeute qui pourra leur venir en aide, s'il existe le moindre problème.

6

Les études de votre enfant précoce

En 1911, Alfred Binet, l'inventeur de la psychométrie, écrivait déjà : « Voici encore l'écolier qui ne profite pas de l'enseignement pour une raison qui est vraiment paradoxale : il est trop intelligent. On rencontre des enfants très brillamment doués, qui sont d'un niveau intellectuel très supérieur à celui des enfants de leur âge. Ils ne sont pas les derniers à s'en apercevoir. Dans la classe, ils n'ont pas besoin de grands efforts pour gagner la meilleure place. Leur vanité s'allume. Ils ne travaillent que par caprice, ils n'apprennent leurs leçons qu'au dernier moment, ils sont volontiers insubordonnés ; ils font des devoirs qui n'ont pas été donnés pour se singulariser. À l'étude, ils empêchent les autres de travailler. On leur en veut, on les punit, mais ils se font toujours pardonner quand vient le jour des grands concours. C'est pour eux que l'on devrait former des classes de surnormaux. Ces classes seraient tout aussi utiles, peut-être plus que celles des normaux ; car c'est par l'élite et non par l'effort d'une moyenne que l'humanité invente et progresse ; il y a donc un intérêt social à ce que partout l'élite reçoive la culture dont elle a besoin. Un enfant d'intelligence supérieure est une force à ne pas laisser perdre.[1] » On le voit,

1. BINET A., *Les Idées modernes sur les enfants*, Paris, Flammarion, 1909, rééd. 1973, p. 101.

dès qu'une réflexion politique et sociale s'est mise en œuvre sur la question du système éducatif, la situation des enfants précoces, « surnormaux » selon Alfred Binet, s'est posée. Ce chercheur mettait déjà le doigt sur leurs difficultés d'insertion et pointait tous les éléments de leur caractère qui les conduisent trop souvent à l'échec. C'est, sans aucun doute, le paradoxe le plus étonnant de la précocité : l'enfant doué n'est pas nécessairement un bon élève ! Un QI exceptionnel ne protège pas de l'échec scolaire. Aujourd'hui encore, hélas, les enfants précoces sont trop nombreux à s'effondrer au collège, ou à ne pas rester dans la voie du baccalauréat général. Les voici « dirigés » dans des filières dont on sait qu'elles les rendront malheureux, où ils se révéleront encore plus inadaptés que dans leur ancienne école !

Pourquoi certains enfants précoces échouent-ils ?

La philosophie pratiquée par l'Éducation nationale depuis quelques décennies a aggravé cette situation. Aux lycées créés par Napoléon Bonaparte pour recevoir les meilleurs élèves de France, quel que soit leur milieu social, a succédé un enseignement ouvert à tous, soucieux d'égalité et suspicieux à l'égard de l'excellence. Ce qui s'est révélé fructueux pour le plus grand nombre a malheureusement réduit l'espace pour les exceptions, comme le soulignait dès 1911 Alfred Binet. Le gâchis d'un tel système – la déperdition catastrophique de matière grise, avec tout ce que cela implique pour la culture et l'économie d'un pays – a obligé les gouvernements qui se sont succédé à réfléchir à une possible solution. Parmi les débats posés dans la balance, celui, plus général – et éminemment politique –, de la masse contre l'élite. Le projet d'encourager l'élite a eu des défenseurs célèbres – tel Rémi Chauvin, en accord avec Binet –, et la controverse ne s'est pas circonscrite à la seule Europe. Il a eu aussi de nombreux détracteurs – attachés à défendre l'idée qu'une démocratie soucieuse d'égalité ne pouvait promouvoir ni fabriquer une élite. La plupart des pays européens ont eu à réfléchir à la question. En France, en 1972, un projet de loi a envisagé une scolarité spéciale pour les surdoués, mais il fut finalement rejeté par le ministère de l'Éducation nationale. Quant aux professeurs concernés et consultés, ils ont montré à l'égard de la précocité une attitude tout aussi ambivalente : certains avouent leur admiration, voire leur fascination pour les capacités exceptionnelles de ces élèves, et leur accordent ouvertement toute leur attention – au risque de rendre l'enfant odieux aux yeux de ses condisciples, frustrés et jaloux à juste titre. D'autres éprouvent un sentiment d'envie à leur égard, mêlé d'appréhension et d'agacement, lorsqu'ils sont confrontés à la compétition que leur imposent les enfants précoces, et au défi permanent que ceux-ci leur lancent.

Néanmoins, le taux alarmant d'échecs scolaires chez les enfants précoces (deux enfants précoces pour trois classes en moyenne, dont 30 % à 40 % n'atteindraient pas le baccalauréat général) a finalement convaincu le ministère de l'Éducation nationale de mettre en place, dans les années 1990, à l'initiative de Jack Lang, une commission sur la « scolarisation des élèves intellectuellement précoces ». Le travail de cette commission a débouché sur un rapport rédigé par un inspecteur d'académie du Val-de-Marne, Jean-Pierre Delaubier, qui a été rendu public le 28 mars 2002. Ce rapport recommande d'informer les futurs enseignants sur les caractéristiques de ces enfants. Il préconise aussi d'appliquer ce qui avait été proposé au cours de la réforme des cycles mise en place par Lionel Jospin quand il avait été ministre de l'Éducation nationale. Les recommandations visaient à permettre aux enfants de parcourir les cycles d'enseignement primaire comme le CE2, le CM1 et le CM2 en deux ans au lieu de trois. Elles permettent à de nombreux enseignants de maintenir ces enfants dans des classes normales, où ils se trouvent en avance d'un an ou deux par rapport aux autres, tout en leur assurant, en dehors des horaires scolaires, un enseignement complémentaire répondant à leur avidité intellectuelle. Cet enseignement diversifié ne fait pas double emploi avec les programmes scolaires, mais se propose de donner aux élèves surdoués la possibilité d'aborder des disciplines qu'ils n'ont pas l'occasion d'étudier à l'école. C'est dans cette perspective qu'ont été fondées, en divers pays, des associations de parents d'enfants précoces. Ce système et ces associations offrent à ces enfants un moyen terme fructueux, à équidistance des deux formules extrêmes aussi rigides que préjudiciables – l'une préconisant l'égalisation par le médiocre en sacrifiant tout ce qui se détache de la moyenne, l'autre, dans un mouvement inverse, misant tout sur ces exceptions pour fabriquer des « bêtes à concours » au prix d'un forçage de tout l'ensemble de la personnalité. L'intérêt primordial du rapport Delaubier a été de sensibiliser les enseignants aux problèmes des enfants précoces et de permettre ainsi une bonne entente, voire une collaboration entre les maîtres et les parents de ces élèves.

Cela dit, en termes de réussite scolaire, il convient de se poser la seule question qui vaille : pourquoi ces enfants échouent-ils à l'école ? La responsabilité ne saurait incomber entièrement au système scolaire. Ce qui les pénalise est, en réalité, ce qui fait leur force et que les pédagogues ont appelé la « pensée magique ». Il ne s'agit pas ici de ce besoin de s'en remettre à la magie ou à la superstition pour interpréter les phénomènes courants, y compris politiques, ni de ce que les sociologues ont défini comme une incapacité à juger par soi-même de la réalité, c'est-à-dire l'abandon de ses facultés au profit d'une initiation à un secret. Ce que l'on appelle la « pensée magique », c'est cette vélocité intellectuelle qui permet à un enfant précoce, dès son plus jeune âge, de résoudre – sans même avoir à réfléchir ni à comprendre d'où lui vient cette facilité – les problèmes qui lui sont soumis. Sa vélocité est d'autant plus remarquable qu'il n'utilise pas d'autre recours que son intelligence. Autrement dit, il s'en remet entièrement à cette pensée qui, comme par enchantement, lui inspire la solution. Très vite, il se départ de toute idée d'effort, puisqu'il n'a jamais eu à en fournir. Lorsqu'une matière dans laquelle il peut être naturellement moins brillant en exige un, il la délaisse. Pourquoi travailler en profondeur, pourquoi construire des bases, mémoriser des connaissances, acquérir une méthode, puisque son intelligence lui souffle instantanément la bonne réponse ou, tout du moins, lui offre la possibilité d'un tour de passe-passe intellectuel qui jettera de la poudre aux yeux de son interlocuteur et masquera durablement ses déficiences ? Ainsi, après des années d'une scolarité mal adaptée à leurs besoins, de passivité intellectuelle, ces enfants arrivent démunis lorsque commencent véritablement les « études sérieuses ». Ils ont alors du mal à organiser leur travail, à demeurer attentifs et, privés à la fois des méthodes qu'ils ne possèdent pas et des bases indispensables pour progresser, ils finissent par se trouver en situation d'échec à un moment ou à un autre de leurs études. Dans la grande majorité des cas, l'effondrement surgit au collège et l'enfant peut se retrouver définitivement exclu du système scolaire classique, ce qui est, pour lui, la porte ouverte à tous les dangers de la marginalisation. Il advient aussi que leur pensée magique les soutienne jusqu'aux études supérieures, et la chute est plus douloureuse encore. En effet, les bases qui manquent sont alors plus importantes à reconstruire, et le travail de rattrapage devient colossal. On voit donc ces anciens enfants intellectuellement précoces ne pas obtenir les diplômes en rapport avec leur formidable potentiel.

Cependant, même si elles ne se révèlent vraiment qu'à l'entrée au collège, les difficultés en matière scolaire peuvent apparaître beaucoup plus tôt, dès le cours préparatoire. Déçu par un enseignement qui ne répond pas à ses attentes, l'enfant précoce « décroche » et s'occupe soit en perturbant la classe, soit en se réfugiant dans l'apathie et la rêverie. L'échec scolaire peut aussi résulter de difficultés d'écriture (dysgraphie) et de lecture (dyslexie) que rencontrent souvent ces enfants, en particulier les garçons. Difficultés épineuses, parce qu'il faut encore pouvoir les détecter : la grande facilité d'élocution des enfants précoces masque souvent leurs difficultés à l'écrit, qui se révèlent vraiment au moment où il s'agit de le maîtriser assez bien pour prendre des cours sous la dictée, synthétiser des notes et rédiger des dissertations dans un temps imparti.

Il convient aussi, sans vouloir faire un portrait à charge du système éducatif français, de pointer une autre de ses caractéristiques qui ajoute aux handicaps de la précocité. Il s'agit de l'apprentissage du travail en groupe, auquel l'éducation française ne prépare guère les jeunes enfants. L'enfant doué perd ainsi une opportunité d'apprendre à harmoniser ses propres méthodes avec des méthodes collectives, à réfréner son impatience, à écouter l'autre et à s'adapter au groupe. Mais quoi qu'il en soit, et quel que soit l'établissement scolaire que vous choisirez, la précocité de votre enfant implique, de votre part, une attention accrue dès les classes maternelles, vous oblige à une plus grande vigilance, à un soutien scolaire « cousu main » qui commencera avant même qu'il n'entre en classe. Pour ce faire, vous vous appuierez sur ses qualités fondamentales, celles-là mêmes qui peuvent devenir des défauts dans un système scolaire uniformisateur. Comme, pour n'en citer qu'une, son imagination fertile. Lorsqu'on l'interroge entre trois et cinq ans sur son avenir, le petit surdoué répond souvent qu'il veut devenir chercheur... Atout majeur pour créer, explorer de nouveaux domaines, inventer des histoires, écrire des livres ou des poèmes, dessiner, l'imagination le pousse aussi à naviguer seul sur des mers inconnues du professeur, à développer ses vues sans suivre les modèles proposés par l'enseignant, à déborder en permanence des cadres. Ce plaisir de créer, d'inventer et de découvrir lui donne une formidable énergie – épuisante pour l'enseignant – et parfois certaines difficultés à tenir compte des impératifs horaires et du rythme des autres enfants. Engagé avec passion dans une activité qui le séduit, votre petit précoce exprimera tout aussi énergiquement son refus d'y renoncer, d'en être extrait.

Encourager la créativité de votre enfant

L'entrée à l'école est bien souvent un temps où sa créativité est mise à mal. C'est le moment où enseignants et parents attendent de lui qu'il se conforme, qu'il suive et respecte les règles de la classe et du système. S'il se résigne, l'enfant doué peut perdre tout son bonheur à créer, qu'il considère comme une source d'ennuis avec l'enseignant et de conflits avec ses parents. Pour compenser la frustration qu'il ressentira en classe et lui faire admettre que l'école est un lieu de contraintes qui portent leurs fruits lorsque l'on s'y plie avec grâce, vous aurez à cœur d'encourager sa créativité à la maison :

- en favorisant sa curiosité, son besoin d'expérimentation, de découvertes, de rêves, d'expression libre et artistique ;
- en lui offrant l'occasion de s'y adonner à la maison, dans un endroit à lui, en votre compagnie ;

- lorsqu'il fait ses devoirs, en l'incitant, une fois qu'il aura résolu un problème selon la méthode de l'enseignant, à trouver la sienne propre, à découvrir d'autres voies de recherche ;
- en lui permettant d'explorer différentes façons de gérer de nouvelles situations ;
- en l'aidant à se conduire de manière constructive et productive lorsqu'il manifeste son refus d'abandonner l'activité qui le passionnait, lorsque vous le lui demandez ;
- en cherchant différentes façons de résoudre des conflits, qu'ils soient familiaux ou amicaux ;
- en l'inscrivant, le plus tôt possible, à des activités artistiques qui lui plaisent et auxquelles il est naturellement enclin.

De manière générale, évitez de conseiller votre enfant sur « la bonne manière » d'opérer. Comme s'il n'en existait qu'une et que ce soit la vôtre ! Insister pour qu'il raisonne ou agisse de façon « réaliste » ; lui reprocher d'être tout le temps dans la lune et interrompre en permanence ses rêveries seront des réponses tout aussi destructrices pour sa créativité. Répondre à ses « fantaisies » par un commentaire sarcastique ne pourra que lui donner envie de disparaître dans un trou de souris ! Ne raillez pas ses questions si vous les trouvez stupides, elles ont certainement une logique qui vous échappe. Enfin, ne le comparez pas à un autre enfant. C'est une autre façon de lui demander de se conformer et de le culpabiliser sur sa différence.

Dans les grandes qualités intellectuelles de l'enfant précoce, les parents reconnaissent presque unanimement sa facilité d'élocution et la richesse de son vocabulaire. Le petit surdoué parle très tôt, avec un vocabulaire riche et des phrases bien construites. Plus impressionnante encore est peut-être la compréhension précoce du langage. Ce langage élaboré lui permet dès un très jeune âge de communiquer ce qu'il veut, et de comprendre les explications des adultes. En réponse, avec une logique imparable, il pose de nombreuses questions auxquelles il attend des réponses détaillées et illustrées. Ses interrogations inlassables, sa curiosité insatiable, si elles épuisent les parents, exaspèrent souvent l'enseignant, interrompu sans cesse dans son cours. La plupart du temps, ni les uns ni les autres ne lui répondent plus, quand ils ne lui ordonnent pas sèchement de se taire. « Nous n'en pouvons plus ! » m'avouent souvent certains parents. Parce qu'il est capable très jeune de suivre les conversations des adultes, l'enfant précoce s'occupe aussi « de ce qui ne le regarde pas » et, au dire des enseignants, « dépasse les bornes » et peut se montrer sans le vouloir insolent ou agaçant. J'ai ainsi le souvenir d'une anecdote contée par le père de deux fils, dont le cadet, six ans, était précoce. Ce monsieur avait réussi à trouver des billets pour un match de football dont les trois rêvaient. Il ne put s'empêcher de leur dire, en leur montrant les billets : « Qui est le meilleur père du monde ? – C'est toi, papa ! » s'exclama l'aîné. Mais le benjamin de répondre : « Quelle question, papa ! Tu es un bon père et tu fais plein de choses pour nous. Mais tu es mon seul père. Il y a des millions de pères dans ce monde, et je ne les connais pas. Je peux te faire plaisir et te dire que tu es le meilleur, mais je ne peux pas savoir si tu es vraiment le meilleur du monde. » Souvent, je pense à cette histoire, et à la réaction des enseignants quand, à chaque question, la plus anodine soit-elle, ce petit garçon leur répondra en évaluant chaque hypothèse, en creusant indéfiniment le pourquoi de chaque assertion, quitte à ridiculiser l'adulte. Enfin, en plus de son vocabulaire étendu, de sa capacité à raisonner comme les plus grands, de sa bonne grammaire et de ses capacités de compréhension, l'enfant précoce possède la capacité d'utiliser des métaphores et des analogies, d'inventer des histoires, de modifier son langage quand il est avec des plus jeunes. Ces talents incitent parfois les parents à lui parler comme à un adulte, voire à lui faire des confidences, ce qui doit être évité à tout prix. Votre enfant ne possède pas l'expérience pour hiérarchiser les informations selon leur degré d'importance affective et morale, ni pour prendre les distances nécessaires en réaction à une gravité qu'il ne peut évaluer. De plus, souvenez-vous que vous êtes le parent, et non pas le copain de votre enfant ! Il ne comprendra pas que vous lui fassiez une confidence qui affecte l'image qu'il a de vous.

Aider son enfant à canaliser sa spontanéité

Que faire pour pallier les inconvénients de sa spontanéité en classe ? Vous devez le plus tôt possible poser des bornes que respectera votre enfant. Il doit comprendre que, de même que vous ne violez pas son espace et son temps de réflexion lorsqu'il s'adonne à ses passions (Lego, musique, dessin, rédaction d'un journal ou activité sportive), il ne doit pas violer les quelques heures que vous vous accordez, à la maison, pour votre plaisir personnel. Lecture, écoute de musique, d'informations, consultation de votre courrier, etc. Vous soulignerez ce fait doucement, sans exaspération, et vous serez cohérent dans le respect de cette règle. Une fois que votre enfant aura retenu ce principe à la maison – et ce n'est pas si difficile, n'oubliez pas qu'il est très intelligent –, il se pliera sans heurts à la discipline de l'école. Si vous l'habituez à des parents taillables et corvéables à merci, il ne comprendra pas pourquoi on lui résiste à l'école. Lorsqu'il s'exprime d'une façon inouïe, preuve de son éclatante précocité, n'applaudissez pas comme s'il était un objet de culte, ou d'admiration. Il pourrait être amené à « faire le clown » en permanence et à forcer son talent pour vous plaire, et il ne comprendra pas que l'on ne l'acclame pas aussi à l'école. Sa précocité ne doit pas devenir, dans son esprit, une arme pour s'attirer des faveurs. Utilisez ses qualités d'empathie et sa générosité naturelle pour le sensibiliser aux problèmes qu'il peut causer en parlant trop, trop souvent, et en questionnant l'enseignant sans arrêt et de façon intempestive. Montrez-lui qu'il prend le temps d'autres enfants qui peuvent en souffrir et sont incapables d'interroger le maître à leur tour, soit par timidité, soit parce qu'ils n'en ont plus l'opportunité, risquent de mal comprendre, de mal faire leurs devoirs et de se faire gronder parce qu'ils auront de mauvaises notes.

Les effets négatifs d'un surinvestissement des notes

Enfin, bien préparer votre enfant pour son entrée à l'école ne signifie pas de vous surinvestir dans cette préparation. Votre enfant est un enfant ! Il a droit aux bêtises, aux tâtonnements, à s'épanouir comme n'importe quel autre enfant. Souvent, les parents sont si heureux et fiers des capacités intellectuelles de leur petit surdoué qu'ils entreprennent un véritable dressage, sans vraiment réaliser les dangers d'une telle conduite. Au cours de mes années de consultation, il m'a été donné de voir quelques enfants « victimes » du narcissisme du parent. L'enfant était pour eux l'occasion de mettre en application toutes les recettes qu'eux-mêmes n'avaient pas appliquées pendant leurs années d'école. N'ayant pu intégrer Polytechnique, leur fils ou leur fille avait pour mission de le faire et ils allaient y veiller : cette fois ils ne se tromperaient pas ! Pour cela une stratégie, dès les classes de maternelle, avait été adoptée et le psychologue, espérait-on, allait donner les dernières clés pour transformer l'enfant en robot parfait. Les récompenses et punitions vont généralement bon train dans un tel contexte ! Une collégienne surdouée tenait ainsi son carnet de notes personnel, avec un barème qui débutait à 18, et des bonus pour les 19 et des super-bonus pour les 20, à quoi correspondait une somme définie d'argent, que ses parents déposaient sur un livret de Caisse d'épargne auquel elle devait avoir accès à sa majorité ! Comment faire comprendre aux parents les dommages d'une telle politique ? Leur peur de voir leur fille échouer les a conduits à croire qu'elle était incapable d'un effort gratuit, à occulter le bonheur de bien faire comme meilleure des récompenses, à lui inculquer un rapport exclusivement rétributeur avec le monde et la réussite. Surtout, ils lui ont appris à s'occuper obsessionnellement de ses notes. Très intelligente, Sophie n'eut pas trop de mal à en obtenir de très bonnes. Aux dernières nouvelles elle avait bel et bien intégré Normale sup ! Mais à quel prix ? Et qu'advient-il de tous ceux qui, en dépit de leur précocité, ne peuvent maintenir un niveau d'excellence ?

Dans un tel contexte, l'enfant surdoué ne peut que construire progressivement une image négative de lui-même et la consolider avec un puissant sentiment de culpabilité : ses parents ne lui ont-ils pas appris que leur bonheur dépendait de ses résultats scolaires ? Il advient même que l'enfant se persuade qu'il perdra leur amour s'il n'obtient pas les notes excellentes que ses parents attendent de lui, ou s'il les déçoit en défaillant dans une seule matière.

Le surinvestissement parental a bien d'autres effets secondaires, notamment de briser l'autonomie de l'enfant et de le rendre passif, voire incapable de déterminer ses véritables envies, ses désirs pour le futur, ses projets les plus chers. Je me souviens à ce propos de Bernard, jeune adolescent dont la précocité, diagnostiquée très tôt, avait conduit ses parents à programmer toutes ses activités. À quinze ans, ils étaient venus me consulter en toute urgence, alarmés par l'état dépressif de leur fils et par la chute de ses notes au lycée. Que se passait-il ? Jusque-là, Bernard n'avait manifesté aucun problème relationnel, n'avait connu aucune difficulté majeure dans ses études. Au bout de quelques entretiens, il finit par découvrir lui-même la raison de son inappétence : ses parents avaient toujours tout désiré, planifié, organisé à sa place !

Le travail du psychologue avec de tels parents n'est pas toujours facile. L'enjeu narcissique est majeur, et renoncer aux attentes qu'ils ont investies dans la réussite de leur enfant les prive d'une compensation majeure pour maintenir une image positive d'eux-mêmes. À leurs yeux, être de bons parents, c'est tout faire pour que leur enfant précoce accomplisse leurs propres objectifs et réussisse là où ils avaient échoué. Il faut alors entreprendre un travail réel de remise en perspective. À la fois sur le côté excessif de ces attentes, focalisées sur les matières scolaires, et sur le fait qu'elles interdisent à l'enfant de se construire selon ses propres désirs et ses véritables compétences. En général, ces parents ont été élevés dans une famille autoritaire et exigeante, et ne font qu'offrir à leur enfant ce qu'ils ont connu – et ce dont ils ont souffert ! Une aide importante peut être apportée par le psychologue.

L'importance de la qualité de la relation parent-enfant

Je ne cesse de le répéter : la qualité de la relation parent-enfant, mise en place dès les premières années, est essentielle pour permettre à un enfant précoce de réussir en classe et dans ses études. En effet, elle permet de développer :

- la motivation pour l'école et le travail scolaire ;

- une attitude positive à l'égard de l'école et de l'enseignant ;
- l'envie d'être performant ;
- la possibilité de diagnostiquer les échecs en classe et en dehors de l'école, afin d'éviter de répéter les mêmes erreurs ;
- la capacité à comprendre et expliquer une réussite ;
- l'autonomie ;
- des relations plus satisfaisantes avec le parent ;
- l'autodiscipline ;
- les intérêts dans l'école, et en dehors de l'école ;
- le sens de l'écoute des autres, la capacité à les entendre ;
- la capacité à persévérer dans une tâche, une fois que l'enfant s'y est engagé ;
- la définition d'objectifs réalistes ;
- la capacité à communiquer ;
- la confiance en soi.

La nécessité de renoncer à certains mythes sur la précocité

Les « superparents » ont développé des stratégies et concocté des recettes pour mener leur enfant aux portes des bonnes écoles et les amener à faire de brillantes études supérieures qui déboucheront sur de grandes carrières. Ils savent que pour réussir, il convient de posséder quatre aptitudes : un certain talent, de la discipline, de la confiance en soi et des habitudes de travail efficaces. Ils savent aussi qu'un enfant précoce a besoin d'aide tout au long du chemin, et ils acceptent de lui consacrer le temps nécessaire, sans devenir pour autant des dictateurs ni exercer une pression constante. Et ils ont mis à bas certains mythes de la précocité :

- Les enfants précoces n'ont pas besoin de travailler : si

un enfant a besoin de travailler, c'est qu'il n'est pas vraiment intelligent.
- Tout ce qui compte, c'est qu'un enfant soit heureux.
- Faire travailler un enfant très tôt le brise, anéantit son désir de rébellion qu'il doit nécessairement exprimer à l'adolescence, au risque de faire sa crise à l'âge adulte, avec des conséquences beaucoup plus graves.
- Travailler dur à l'école prive l'enfant de son enfance.
- Les études sont moins importantes pour les filles que pour les garçons.

Quelle erreur d'accréditer ces lieux communs ! Un enfant qui n'a pas appris à travailler sera en difficulté au collège. Ce n'est pas à ce niveau que l'on découvre la valeur du temps dans la qualité du travail ni la nécessité de l'apprentissage pour l'obtenir. Être heureux se conjugue tout à fait avec la réussite scolaire, si les parents sont raisonnables et évitent de soumettre leur enfant à une pression continuelle et obsessionnelle. Plus votre enfant lira, plus il apprendra, mieux il comprendra le fruit de ces activités, l'élargissement bénéfique des connaissances qui en découle, l'enrichissement des échanges et des réflexions. Enfin, fort heureusement, les parents qui pensent que l'échec scolaire est moins préjudiciable aux filles qu'aux garçons sont aujourd'hui minoritaires. Néanmoins, cette idée perdure ! J'en veux pour preuve les demandes de tests de QI que je reçois : deux tiers concernent les garçons, contre un tiers pour les filles !

Établir de bons objectifs pour votre enfant

L'enfant précoce, au cours de ses jeunes années et de son adolescence, se posera plusieurs fois, dans le secret de son cœur, les questions suivantes :

- Qu'est-ce que je veux faire de ma vie ?
- Comment vais-je y parvenir ?
- De quoi a-t-on besoin pour y arriver ?

Suscitez ces questions, apprenez-lui qu'il est normal qu'il se les pose et que les réponses qu'il leur apportera lui permettront de franchir quelques-unes des étapes qu'il parcourra dans sa scolarité entre l'école maternelle et le baccalauréat. Quelques-unes seulement, puisque, à la maternelle, ce sera à vous bien sûr, mais aussi grâce au dialogue que vous aurez déjà mis en place avec lui, de décider des stratégies. En raison de l'avance intellectuelle, faut-il faire trois années de maternelle ? Convient-il d'accélérer le rythme des apprentissages en cours d'école primaire ? d'effectuer un saut de classe ? Faut-il envisager un programme de collège pour enfants précoces ? Convient-il d'intégrer un grand lycée dans la perspective d'une classe préparatoire ? Comment s'orienter quand on a envie de faire plusieurs choses ?

Bien évidemment, il n'existe aucune réponse globale à ces questions, qui doivent être traitées au cas par cas. Mais une règle générale s'impose : établir les objectifs à chaque étape plutôt que de vouloir tout décider arbitrairement à l'avance. Il faut écouter l'enfant, l'interroger sur ses désirs, découvrir ses intérêts et décoder ses commentaires au fur et à mesure de son parcours. Vous vous en rendrez vite compte, cette gymnastique oblige au dialogue, à l'échange, et vous prendrez alors la mesure des effets bénéfiques de ce dialogue sur votre enfant qui se sentira en parfaite confiance, et sur vous qui le devinerez mieux. Il trouvera naturel de vous ouvrir son cœur lorsqu'une difficulté surgira dans sa vie. Il acceptera sans réticences vos recommandations sur la nécessité de consentir à l'effort. Enfin, c'est toujours grâce à ce dialogue et au sein de ce dialogue que vous établirez la difficile balance entre votre autorité et ses décisions propres, entre votre présence au moment de ses devoirs scolaires et son autodiscipline, entre votre intervention dans le choix de ses activités intellectuelles et son indépendance, entre votre surprotection affective et son émancipation. En règle générale, il convient, pendant les premières années d'école, de lui accorder peu d'indépendance et de lui imposer votre présence. Vous profiterez de cette première étape pour mettre en place de bonnes habitudes de travail et des exigences personnelles. Plus tard, votre enfant prendra l'habitude de se reposer sur cette méthode : il aura moins besoin d'être guidé et vous lui accorderez, tout naturellement, davantage d'indépendance.

S'il est néfaste d'exercer une exigence tyrannique et obsessionnelle sur votre enfant, il est tout aussi néfaste de ne rien attendre de lui, au prétexte que vous pourriez le traumatiser. Une vie sans pression n'existe pas et vouloir les lui éviter ne le préparera pas à faire face quand il les connaîtra à l'âge adulte, que ce soit dans ses études, sa vie professionnelle ou sa vie affective. En revanche, sans que la pression vienne de vous, vous devez lui apprendre à la gérer. Lorsqu'il devra passer un examen, par exemple, ou lorsqu'il sera conduit à faire un exposé en public, donnez-lui des conseils avisés de bonne hygiène de vie, de relaxation, d'activités pour défouler le trop-plein nerveux. Mais si vous ne vous intéressez pas régulièrement à lui, évitez d'intervenir les veilles d'examen : il en conclura que vous paniquez à votre tour et que vous n'avez aucune confiance dans sa capacité à réussir. Souvenez-vous que le meilleur remède contre une pression excessive, donc dommageable, c'est votre amour, la confiance induite que vous lui manifestez dans une écoute continue, vos encouragements et une présence chaleureuse et légère. Ainsi, l'image qu'il a de lui sera suffisamment solide pour résister aux agressions extérieures – plaisanteries de certains camarades, railleries quand il fait une contre-performance, rappels à l'ordre dans les moments de rêverie…

Réagir quand les résultats baissent

Tout d'abord, analysez votre attitude à son endroit, pour être certain de n'être pas responsable de cette contre-performance.

Posez-vous les questions suivantes : Comment vous adressez-vous à lui ? Êtes-vous attentif ? Vous arrive-t-il d'être maladroit, d'employer des mots destructeurs ? Ainsi, lorsqu'une note n'est pas bonne, lui dites-vous « Que s'est-il passé ? » ou bien « Que penses-tu de ton bulletin scolaire ? ». Lorsqu'il se trompe, lui dites-vous « Décidément tu es incapable de… » ou bien « Tu as vraiment fait des progrès »… Quand il ne trouve pas une réponse, au lieu de dire « Débrouille-toi… », lui proposez-vous « Cherchons ensemble ? ». Quand, trop ému, il réagit de façon infantile, annoncez-vous « Moi à ton âge… » au lieu de « Je comprends ce que tu ressens » ? Quand il éprouve des difficultés, dites-vous « Tu es encore là-dessus ? », ou bien « Persévère, je vois que tu te donnes beaucoup de mal, c'est bien, et cela finira par être payant » ?

Réfléchissez bien à l'opportunité de réagir. Une baisse ponctuelle n'est pas une tragédie. N'intervenez que si vous êtes sûr qu'il s'agit d'une chute sérieuse des résultats, et qu'elle s'installe durablement. Si vous devez réagir, étudiez en priorité ses conditions de travail. Est-il au calme ? Dispose-t-il d'une plage de temps régulière et suffisante ? Est-il distrait dans son travail par vos appels téléphoniques, les interventions de ses frères et sœurs, la télévision ou la radio allumées intempestivement ? Analysez la question ensemble sans lui donner l'impression qu'il passe en conseil de discipline. Ne vous mettez pas en colère à la première mauvaise note. Cherchez avec votre enfant ce qui n'a pas marché, pourquoi il a échoué, quelles difficultés il a éprouvées. Aidez-le à faire le tour de toutes les causes possibles. Contrôlez avec lui les raisons en aval de son échec. Les notes en cours ont-elles été bien prises ? Voit-il bien ce qui est écrit au tableau ? Beaucoup d'enfants connaissent des problèmes de vue qui sont détectés trop tard. S'est-il trompé de leçon ? A-t-il bien compris le domaine auquel correspondaient les questions ? Cherchez avec votre enfant comment éviter un autre accident, mettez une méthode en place avec lui et consolidez celles qui existent déjà. Si vous vous sentez débordé, faites appel à une aide extérieure. Offrez-lui quelques cours particuliers si vous le jugez nécessaire, et s'il le demande. Montrez-vous désireux d'être un véritable soutien, affectivement parlant. Encouragez votre enfant, mobilisez son sens des responsabilités. Dans certains cas, et seulement si la chute est spectaculaire, demandez un rendez-vous à l'enseignant pour qu'il vous donne son explication du problème et trouver avec lui une solution ou une méthode dont vous conviendrez ensemble, et que vous lui présenterez ensemble.

Lorsque ses notes remontent et que ses résultats se redressent, félicitez-le ! Montrez-lui votre fierté devant ses efforts et votre joie quand ils aboutissent. Soyez toujours précis quand vous le complimentez. Expliquez-lui de quoi vous vous réjouissez, et ce que vous applaudissez dans ses résultats : la logique de votre petit génie s'attend toujours à ce que vous lui donniez la bonne raison. Soulignez le lien entre le résultat et un travail régulier. Surtout, n'essayez pas d'acheter les résultats !

Aider son enfant à travailler

Aidez-le à mettre en place certaines routines, énoncez des règles pour la maison. Fixez une heure régulière pour se mettre au travail. Demandez-lui tous les jours ce qu'il a à faire. Déterminez un endroit propice au travail. Éliminez toute source de distractions pendant ses devoirs. Veillez à ce que les livres nécessaires et les dictionnaires soient à portée de main pendant son étude. Planifiez son travail : prévoyez à l'avance les contrôles, répartissez la charge des révisions. Si votre enfant est très jeune, lisez-lui une histoire avant qu'il ne s'endorme. Encouragez-le à lire au lit, avant d'éteindre la lumière, s'il est plus grand.

Comment pouvez-vous développer de bonnes habitudes de travail chez votre enfant précoce ? S'il est jeune, vérifiez toujours qu'il n'ait pas bâclé ses devoirs. S'il est un peu plus âgé, prenez un peu de distance. Dans les grandes classes, l'autonomie devrait être acquise, mais restez vigilant. Vérifiez que tout le travail a été fait, qu'il n'a rien oublié. Soyez précis sur les conséquences qu'il encourt à ne pas faire ses devoirs. Celles-ci doivent être bien annoncées, expliquées. Interdisez la télévision avant le travail.

Apprenez à votre enfant qu'il ne faut jamais masquer son ignorance : c'est le plus sûr moyen de rester ignorant. Lorsqu'il ne comprend pas, quand les choses ne lui paraissent pas claires, apprenez-lui à demander de l'aide à son professeur, et à vous-même, bien sûr. S'il refuse votre aide, restez en retrait. S'il vous la demande, rendez-vous disponible immédiatement, même si vous devez abandonner une occupation qui vous tient à cœur. Vous lui montrerez ainsi combien son travail scolaire a d'importance à vos yeux. Apprenez à votre enfant comment trouver les réponses. Ne les lui divulguez pas sans lui montrer la méthode – dictionnaire, recherche dans un manuel, etc. Il apprendra ainsi à devenir plus indépendant, plus efficace, et sa confiance en lui s'en trouvera fortement accrue. Apprenez-lui qu'il n'y a pas de question stupide ! Même un enfant précoce peut hésiter à poser des questions quand ses proches ont ri à certaines d'entre elles, ou ses camarades de classe, voire son professeur.

Montrez à votre enfant la pluralité des sources de savoir : la lecture certes, mais aussi des personnes informées, l'école, certains médias, les CDI, les bibliothèques. Que ce soit sur le Net ou sur certaines chaînes de télévision, il existe un grand nombre d'émissions scientifiques ou intelligentes qui apporteront de riches ouvertures à son esprit curieux, quel que soit le domaine de sa passion – géographie, monde marin, animaux, sciences, histoire, découvertes... Abonnez-le aux revues qui alimenteront sa soif de connaissances, dans les matières qui l'intéressent. Inscrivez-le à des activités parascolaires pour encourager sa créativité, son expression personnelle, en tenant compte de son désir d'enfant et de ses talents propres. Mais attention ! Que ces activités – théâtre, sport, jeux, musique, etc. – ne soient pas l'occasion d'imposer de nouvelles disciplines, d'exiger l'excellence dans les résultats.

Créez l'environnement idéal pour le développement intellectuel de votre enfant. Il doit être stimulant et sécurisant : soyez vigilant sur l'atmosphère qui règne à la maison. Veillez à ce qu'il y ait de l'ordre et du silence, qui lui permettent de se concentrer, de réfléchir et d'étudier. Évitez d'évoquer devant lui, en parlant ou en téléphonant, les difficultés professionnelles, familiales ou financières, que vous éprouvez peut-être. Il doit ressentir la maison comme un lieu clos, à l'abri des agressions extérieures, dont vous êtes le gardien aimant. Même si c'est votre mode de fonctionnement conjugal, et si elles ne portent jamais à conséquence, évitez les disputes ou les mésententes le concernant, surtout sur les méthodes à employer en accord avec sa précocité. Maintenez un dialogue ouvert avec lui. Quel que soit son âge, parler est stimulant.

Le repas est un moment privilégié pour échanger des points de vue, aborder des questions générales, partager des opinions. Pas de télévision à table ! Regardez la télévision ensemble. Proposez-lui des programmes ludiques et instructifs. Commentez-les. S'il suit une série, proposez-lui de la regarder en version originale, avec les sous-titres en français. Entourez-le de magazines, de livres, de DVD judicieusement choisis, de livres d'art. Écoutez de temps à autre de la bonne musique. Interrogez-le sur ses goûts en la matière, compositeurs, instruments. Mettez un ordinateur à sa disposition pour effectuer des recherches. Limitez le temps des jeux vidéo ou sur Internet, il peut très vite devenir accro ! Si vous le jugez nécessaire, ou s'il en fait la demande, mettez en place un tutorat. Même si ses difficultés sont légères, ne minimisez pas l'importance qu'il leur accorde, ni l'impact psychologique qu'elles peuvent avoir sur ses résultats scolaires. Sachez ouvrir votre maison à ce précepteur ou cette préceptrice, ce qui mettra votre enfant en confiance.

Pour aider votre enfant à maintenir une relation positive avec les enseignants, entretenez un contact avec le ou les professeurs de votre enfant. Quand l'avez-vous rencontré pour la dernière fois ? Instaurez un respect mutuel, même si être parent d'un enfant précoce complique parfois la tâche. Si beaucoup d'enseignants sont informés sur la précocité et sont désireux d'accompagner l'enfant doué, certains refusent encore d'aborder le sujet. Si l'enseignant manifeste une réticence, ou une certaine agressivité, demandez-vous en quels termes vous avez évoqué la précocité de votre enfant. Lui avez-vous donné l'impression de le critiquer ? Avez-vous choisi le bon moment pour lui en parler ? Mieux vaut peut-être ne rien dire sur ce sujet à cet enseignant en particulier ? Si tel est le cas, préférez un entretien avec le chef d'établissement, qui se chargera d'aborder l'enseignant à votre place, au bon moment et dans les bons termes. Évitez, si vous sentez réticence et agressivité chez l'enseignant, d'entrer dans une guerre ouverte avec lui : votre enfant en fera toujours les frais. Restez diplomate. Montrez à votre enfant que vous le comprenez et que vous êtes de son côté, mais ne ferraillez pas avec son professeur. Écoutez bien quelles doléances exprime celui-ci, et discutez-en avec votre enfant, avec amour et compréhension, comme d'un problème à régler. Si l'établissement scolaire refuse de considérer la précocité de votre enfant et de prendre les mesures d'accompagnement qui s'imposent, envisagez de changer d'école.

L'école ne reste plus sourde au désarroi des parents d'enfants précoces. On l'a vu, l'Éducation nationale a mis des programmes et des directives au point qui vont dans le sens d'une prise en charge. Ce qui est essentiel, c'est que votre enfant ressente une alliance naturelle entre vous, son enseignant et lui-même. Alors, les résultats s'avéreront particulièrement fructueux. L'harmonie reste un climat très bénéfique à l'effort et au travail scolaire. Ce désir d'harmonie et de compréhension pousse certains parents à rechercher un enseignement spécifique pour enfants précoces. Il est alors de la plus haute importance pour eux de s'assurer que les programmes proposés bénéficient bien d'une véritable expérience pédagogique et qu'ils n'oublient pas les exigences des programmes officiels... Quoi qu'il en soit, la consultation d'un tiers avant de prendre une décision qui peut avoir des conséquences très lourdes pour l'avenir scolaire de votre enfant semble indispensable. Celui-là pourra vous aider à choisir en tenant compte du désir de l'enfant, des facteurs psychoaffectifs qui peuvent encourager ou décourager une telle option. Et, pour ce choix, comme pour le saut de classe ou le changement d'établissement, la réticence ou le refus de l'enfant ne doivent jamais être pris à la légère. Forcé, un enfant se sentira trahi. Il pourrait réagir par une opposition radicale aux parents et un rejet de l'école, et s'engager résolument dans la voie de l'échec.

Conclusion

Si tout enfant renvoie chaque parent à sa propre jeunesse, aux rêves, aux échecs et aux doutes qu'il a connus, l'enfant précoce, plus que tout autre, suscite en fait une résurgence d'affects liés au passé. Par la promesse de ses talents, il est le représentant d'un rêve qui rappelle, tant au père qu'à la mère, une époque d'espoirs révolue et il invite à la projection et à l'interventionnisme.

Dans sa réalité plus ou moins satisfaisante, l'adulte parent a pris conscience de ses limites. Il sait que ses chances sont maintenant fort limitées de devenir champion, président de la République ou milliardaire et il risque fort de projeter sur son enfant ce qu'il ne trouve pas en lui-même ou ce qu'il désire magnifier ; il va craindre et désirer pour lui.

Au lieu de laisser l'enfant se développer selon son propre désir, il risque de chercher à le soumettre au sien pour qu'il ait, pense-t-il, moins de risques, plus de facilités, comme le soulignait déjà Françoise Dolto en 1985 dans *La Cause des enfants*[1]. Les pièges sont nombreux et surviennent parfois de façon inattendue ; il importe donc d'être attentif. Le commentaire d'un enseignant, d'un proche, une émission télévisée,

1. DOLTO F., *La Cause des enfants*, Paris, Robert Laffont, 1985.

une contrariété de la vie courante peuvent suffire à déstabiliser, un jour particulier, un père ou une mère. Le déclic passe même parfois inaperçu. Je ne peux oublier ainsi le contrôle hebdomadaire des connaissances effectué dans l'école que fréquentait mon fils jeune enfant. Incités à être présents, les parents se prenaient progressivement au jeu. Notant scrupuleusement les notes de leur progéniture, ils en arrivaient à inscrire sur de petits carnets les notes des camarades pour consigner scrupuleusement en fin d'année les résultats de la classe entière. Un demi-point pouvait être réclamé à l'enseignante distraite, il en allait après tout du classement final et de la médaille !

En attribuant une partie de leurs sentiments à leur enfant, ces parents croyaient comprendre leurs besoins, leurs satisfactions. Ils pensaient faire leur bien. Or ils entraient eux-mêmes en compétition et transformaient ainsi leur petit prometteur en objet narcissique, en objet de pouvoir.

Incompris et impuissant à faire entendre ses vrais besoins, l'enfant n'a pour choix que la soumission ou la révolte. On voit ainsi de jeunes surdoués, à la docilité exemplaire et à l'emploi du temps surchargé, devenir des adolescents démotivés ou rebelles, en grandes difficultés scolaires et en grande souffrance intérieure. Hélas, l'école est bien souvent le dernier bastion de la révolte, passive ou non.

Par ailleurs, surcharger un enfant d'activités pour développer tous ses talents l'empêche de s'ennuyer. Or une petite dose d'ennui peut permettre au désir d'émerger. Lorsqu'un enfant doit se trouver une occupation tout seul, on peut voir où vont ses goûts, quitte à déconcerter les attentes de ses parents.

Pour faire le bien de son enfant, un pas de côté est nécessaire ; ce pas sera différent suivant les âges. Un parent, fervent cavalier, aimait ainsi me résumer sa théorie de l'éducation : « Avec les enfants il faut savoir lâcher la bride, c'est comme avec les chevaux ! » Une cage dorée restera toujours une cage, et l'enfant grandissant ne peut y apprendre à voler, à tester ses dispositions. Si la discipline est essentielle à la réalisation d'un talent, un tel effort ne saurait avoir de sens que s'il est mis au service d'une passion personnelle. Ainsi, s'il est bon d'offrir à son enfant des activités culturelles ou sportives, quand il arrive à un certain âge, insister sur la poursuite des cours de piano ou des stages de tennis est une erreur. Donner à l'enfant, l'adolescent, la possibilité de dire non, c'est lui permettre d'investir et de reprendre les choses à son compte. C'est lui donner la possibilité de découvrir sa propre mission plutôt que d'accomplir celle de ses parents.

La limite entre le soutien et l'ingérence peut être facilement franchie.

Pour être épanouissante, la relation du parent à l'enfant nécessite que l'adulte comprenne que son enfant n'a pas à être lui ou une meilleure version de lui-même. « Comment sortir de ce désir de revanche sur la vie ? » me demandent certains parents, craignant d'être incités à s'engager dans une longue analyse personnelle. Il convient avant tout, dirais-je, de trouver le bon interlocuteur, un tiers, dont la neutralité sera le garant d'une réflexion sincère et dépassionnée.

Le nombre de séances dépendra de la situation avancée, mais il est important de savoir qu'il suffit parfois seulement d'un ou deux entretiens de guidance avec un psychologue pour permettre à une situation d'évoluer, pour aider le parent à partager les plaisirs de son enfant en s'identifiant positivement à lui, de façon à le voir grandir sans éprouver le besoin de le maîtriser.

Accompagner un enfant précoce au fil des ans, vous l'aurez compris, ce n'est pas faire pour lui, mais faire avec lui. C'est le conduire progressivement vers l'autonomie qui lui permettra de tirer le meilleur parti de ses talents, c'est faire de sa différence un atout.

Il n'est jamais trop tôt, et il n'est jamais trop tard pour comprendre et s'investir. Il n'est point nécessaire d'être un parent parfait. Il suffit de s'impliquer, de s'informer, et de rechercher de l'aide lorsqu'on est dans le doute.

La précocité de votre enfant peut être une source immense de bonheur, de partage, de dialogue pour toute la famille. Ne le laissez pas amarré au port et acceptez pleinement les contraintes du statut de parent, qui seront toujours décuplées avec un petit surdoué. N'oubliez pas que votre enfant a besoin de repères, de directives. Son intelligence, quand bien même plus véloce que la normale, ne peut lui donner la maturité affective acquise au cours des longues années d'une vie.

Aussi, vous devrez être là, concerné et aimant, chaque fois qu'il trébuchera, chaque fois qu'en cours de route il se posera des questions existentielles, que la précocité apporte plus tôt, plus vite et plus souvent que chez n'importe quel autre enfant. Ces croisées de chemin existent autant dans l'enfance qu'à l'âge adulte. Votre enfant a besoin de vous pour le guider dans ses choix. C'est grâce à vous qu'il apprendra à résoudre ses conflits, à être responsable. Votre voix, votre amour, votre confiance, votre présence solide et la cohérence de vos conseils l'aideront dans tous les domaines, scolaire, affectif et social, aucun n'étant absolument indépendant des autres. Vous lui apprendrez ainsi la voie de l'épanouissement et de l'harmonie, dans l'écoute de tout ce qui l'entoure, et de tous ceux qui l'accompagnent.

En faisant ainsi, vous serez toujours l'allié fondamental de votre enfant, et vous l'aiderez à réussir sa vie.

Bibliographie

ADDA A., CATROUX H., *L'enfant doué. L'intelligence réconciliée*, Paris, Odile Jacob, 2003.

ALBRECHT K., *L'Intelligence sociale. Le nouvel art des relations humaines*, Paris, Éd. de l'Homme, 2008.

BINET A., « Le développement de l'intelligence chez l'enfant », *L'Année psychologique*, 14, 1908, p.1-94.

BINET A., *Les idées modernes sur les enfants*, Paris, Flammarion, 1911, rééd. 1973.

BAR-ON R., HANDLEY R. (eds.), *Optimizing people : A practical guide for applying emotional intelligence to improve personnal and organizational effectiveness*, New Braunfels (TX), Pro-Phileas Press, 1999.

BAR-ON R., PARKER J.D.A., *Handbook of emotional intelligence : theory, development, assessment and application at home, school and the work place*, San Francisco (CA), Jossey-Bass, 2000.

Bulletin officiel de l'Éducation nationale n° 38, 25 octobre 2007, p. 2149.

CAPRON C., DUYME M., « Assessment of effects of socio-economic status on IQs in a full cross-fostering study », *Nature*, 340, 1989, p. 552-553.

CÔTE S., *Doué, surdoué, précoce, l'enfant prometteur et l'école*, Paris, Albin Michel, 2002.

CÔTE S., KISS L., *L'épanouissement de l'enfant doué*, Paris, Albin Michel, 2009.

DANIELS S., PIECHOWSKI M.M. (eds.), *Living with intensity, understanding the sensitivity, excitability and the emotional development of gifted children, adolescents and adults*, Scottsdale, Great Potential Press, 2008.

DeAngelis T., « Social awareness + emotional skills = successful kids », *Monitor in Psychology*, 41 (4), 2010

Dolto F., *La cause des enfants*, Paris, Robert Laffont, 2000.

Donoghue P., Siegel M., *Are you really listening ? Keys to successful communication*, Notre-Dame, Sorin Books, 2005.

Duyme M., Arbisio C., Marinopoulos S., « Adoption, QI, milieu social : questions autour d'une recherche », *Le journal des psychologues*, 179, 2000, p. 14-20.

Dugas N., Mouren M.C., « Les enfants surdoués. Aspects psychologiques et psychopathologiques », *Annales pédiatriques*, 5, 1976, p. 932-93.

Flynn J.R., *What is intelligence ?*, New York, Cambridge University Press, 2007.

Galton F., *Hereditary genius. An inquiry into its laws and consequences*, Londres, McMillan & Co, 1869.

Gardner H., *Multiple intelligences, the theory in practice*, New York, Basic Books, 1993.

Goleman D., *Cultiver l'intelligence relationnelle. Comprendre et maîtriser notre relation aux autres pour vivre mieux*, Paris, Robert Laffont, 2009.

Goleman D., *L'intelligence émotionnelle*, tomes I et II, Paris, Robert Laffont, 1999.

Janos P.M., Fung H.C., Robinson N., « Self concept, self esteem, and peer relations among gifted children who feel different », *Gifted Child Quarterly*, 1985, 29, p. 78-81.

LeDoux J., *The emotional brain*, Londres, Weindenfelt & Nicholson, 1998.

Levine J., *Know your parenting personality*, New Jersey, John Wiley and sons, 2003.

McAllister C., Nash W.R., Meckstroth E., « The social competence of gifted children : experiments and experience », *Roper Review*, 18 (4), 1996, p.273-276.

Mayer J.D., Salovey P., « Emotional intelligence », *Imagination, Cognition and Personality*, 9, 1990, p. 185-211.

NISBETT R.E., *Intelligence and how to get it*, New York, Norton & Co, 2009.

PARKER W., MILLS C.J., « The incidence of perfectionism in gifted students », Gifted Child Quarterly, 40 (4), p. 194-199.

PIAGET J., INHELDER B., *La psychologie de l'enfant*, Paris, PUF, 2004.

PRAT G., « Vingt ans de psychopathologie de l'enfant doué et surdoué en internat psychothérapique », *Neuropsychiatrie de l'enfant et de l'adolescent*, 27(10-11), 1979, p.467-474.

RENZULLI J., « What makes giftedness ? Reexamining a definition », *Phi Delta Kappan*, 60 (3), p. 180-184.

ROEPER A.-M., « How the gifted cope with their emotions », *Roeper Review*, 5, 1982, p.21-23.

SCIAU-FACCHIN J., *L'enfant surdoué. L'aider à grandir, l'aider à réussir*, Paris, Odile Jacob, 2002.

TERMAN L.M., BALDWIN B.T., BRONSON E., DEVOSS I.C., FULLER F., GOODE-NOUGH F.L., *Mental and physical traits of a thousand gifted children, genetic studies of genius*, Standford (CA), Stanford University Press, 1925.

TERMAN L.M., ODEN M.H., *The gifted child grows up. Genetic studies of genius*, Stanford (CA), Stanford University Press, 1974.

TERRASSIER J.-C., *Les enfants surdoués ou la précocité embarrassante*, Paris, ESF Éditions, 2009.

Remerciements

Un livre ne se fait jamais seul. Son aboutissement dépend du soutien, de la collaboration de nombreuses personnes que je souhaite aujourd'hui remercier.

Tout d'abord anonymes, mais néanmoins essentiels, les enfants et les parents qui, au fil des ans, sont venus me consulter et ont ouvert mon regard sur un autre monde.

Mais aussi le professeur William Mindak de Tulane University (USA), un fidèle complice dont la vivacité, l'enthousiasme et les idées ont été sources d'inspiration tout au long de ce projet.

Table

Du même auteur

L'adulte surdoué.
Apprendre à faire simple quand on est compliqué
Albin Michel, 2011.

Le petit surdoué de 6 mois à 6 ans
avec Sophie Carquain
Albin Michel, 2013.

Composition IGS-CP
Impression : Imprimerie CPI Firmin-Didot, janvier 2015
Éditions Albin Michel
22, rue Huyghens, 75014 Paris
www.albin-michel.fr

ISBN : 978-2-226-19529-6
ISSN : 1275-4390
N° d'édition : 19243/04 – N° d'impression : 126220
Dépôt légal : août 2010
Imprimé en France.